Stoizismus Weisheit der Antike

Energie und Resilienz stärken durch die stoische Philosophie.

Mit den Prinzipien der Stoiker Gelassenheit, Freiheit und innere Ruhe finden.

Inklusive 30-Tage-Übungsplan

Adrian Ulleitner

ISBN: 9798683423582

INHALT

GRUNDLAGEN DES STOIZISMUS

Stoische Gelassenheit – dieser Ausdruck ist vermutlich während des lange zurückliegenden Latein- oder Philosophieunterrichts zwischendurch gefallen. Alte Philosophen, die über den Sinn des Lebens und der Welt nachdachten und ganze Denkschulen gründeten, die ihre Strömung forttrugen. Eine davon, die bis heute noch Anhänger findet, ist der Stoizismus. Anders als einige anderen antiken Philosophenschulen, die nach dem Tod deren Gründer in Vergessenheit gerieten, hielt sich die Philosophie der Stoa und erweiterte sogar ihren Bekanntheitsgrad. Was sich im Detail dahinter verbirgt, wird in den folgenden Kapiteln deutlich.

VOKABULAR

Die Welt ist kompliziert und wenn man sie erklären

möchte, dann ist das eben auch sprachlich nicht leicht auszudrücken. Die Gründungszeit der Stoa spielt im antiken Griechenland. Dementsprechend ist die Sprache der anfänglichen Werke Altgriechisch. Später, als das Griechische Reich durch das Römische Reich erobert wurde und somit ein Austausch von Sprache und Kultur stattfand, werden zahlreiche Abhandlungen über die Stoa verfasst, von denen manche vollständig überliefert sind. Die Sprache, auf der die Werke verfasst werden, wechselt von Altgriechisch zu Latein.

Der Entstehungsort der Stoa ist Athen im antiken Griechenland, weshalb einige griechische Schlüsselbegriffe beibehalten wurden. Als Voraussetzung, um die Werke zu verstehen, wird zunächst einmal wichtiges Vokabular erklärt.

Zuerst wäre da *Logos*. Es bedeutet so viel wie eine göttliche Vernunft, die alles durchdringt. Darüber hinaus meint Logos auch noch einen göttlichen Funken. Dieser Funke wohnt in jedem Menschen. Der Logos ist eine göttliche Kraft, die die Welt beseelt. Vernunft wird in lateinischen Originaltexten mit dem Begriff „ratio" übersetzt. Das Feuer ist die Verkörperung des Logos. Es gibt ein Urfeuer, das die Quelle des Lebens ist.

Unter *pneuma* versteht man in der Stoa den Hauch des göttlichen Urfeuers. Dieser Hauch ist in allen Dingen vorhanden.

Ataraxia stammt aus dem Griechischen und bedeutet Seelenruhe. Der Zustand der Seelenruhe impliziert, dass die Seele durch keine störenden Einflüsse ihre Ausgeglichenheit verliert. Man stellt sich unerschütterlich gegen jegliche Art von Unruhe. Der Zustand der Seelenruhe ist für Stoiker der ideale Gemütszustand.

Die Bedeutung von *apatheia* lässt sich von dem deutschen Wort Apathie herleiten. Es bedeutet das Lossagen von Gefühlen und anderen Leidenschaften, was für Stoiker notwendig ist, um vollen Zugriff auf ihre Vernunft zu haben. Apatheia und Ataraxia sind die erstrebenswerten Zustände, die ein Stoiker erreichen sollte.

Autarkia ähnelt sehr dem heutigen Wort Autarkie. Es meint allgemein die Unabhängigkeit von etwas oder jemandem. Es geht sogar noch darüber hinaus und meint, dass man sich selbst ausreicht. In der Agrarwirtschaft oder Energieversorgung taucht der Begriff Autarkie auf. Man kann sich selbst versorgen und ist nicht von externen Anbietern abhängig. Wenn man das auf den seelischen Zustand überträgt, ergibt sich das Bild eines Menschen, der sich selbst genügt und sich nicht von anderen Dingen oder Menschen abhängig macht.

Unter dem Begriff *adiaphora* werden alle sittlich

neutralen Werte zusammengefasst. In Bezug auf die Stoa sind damit das Leben und Sterben sowie Besitz und Reichtum gemeint.

Zuletzt wäre da noch *eudaimonia*. Es ist die Glückseligkeit, die im Zusammenhang mit einer philosophischen Lebensführung erreicht werden kann. Nur durch die Beachtung der – in dem Fall stoischen – Regeln kann man diesen Zustand erreichen.

WAS IST STOIZISMUS

Stoizismus und Stoa werden synonym verwendet. Die Stoa ist eine philosophische Strömung, die im antiken Griechenland entstand und sich durch das Römische Reich ausbreitete. Die Anhänger der Stoa werden Stoiker genannt. Stoizismus beschreibt die praktische Ausführung der Stoa. Es geht um die Lebensweise nach stoischen Prinzipien. Der Stoizismus gilt als einflussreichste Denkströmung, die bis in die heutige Zeit verwurzelt ist. Ihr Erfolg liegt vor allem daran, dass sie es geschafft hat, die theoretischen philosophischen Überlegungen auf das praktische Leben anzuwenden. Allgemein gesagt, ging es den Stoikern darum, das Leben zu erklären, um die richtige Lebensweise und ein glückliches Leben zu führen. Dieses fand sich in Seelenruhe und Gelassenheit. Der Weg dorthin wurde mittels der Vernunft bestritten. Rationalität wurde über Emotionen gestellt, um eine objektive Sichtweise auf die Situationen zu haben. Alle anderen Dinge wie finanzielles Vermögen, soziales Ansehen oder Einfluss waren unwichtig bzw. wurden gleichgültig hingenommen.

ENTSTEHUNG DES STOIZISMUS

Als Begründer des Stoizismus gilt Zenon von Kition. Er wurde 333 v. Chr. auf Zypern geboren. Als junger, wissbegieriger Mann brach er auf und der Geschichte nach kommt er durch einen Schiffbruch nach Athen, wo er sich der Philosophie widmet. Dort ließ er sich zunächst von unterschiedlichen Philosophen inspirieren, bis er schließlich ungefähr 300 v. Chr. seine eigene Denkschule gründete. Damit war der Grundstein für den Stoizismus gelegt. Der Name Stoa stammt von einer bunten Säulenhalle in Athen (stoa poikile), die Zenon und seinen Schülern als Treffpunkt diente und wo er seine Vorträge hielt. Zenons Verdienst wurde bereits in der Antike gewürdigt. Nach seinem Tod ernannte Athen ihn zum Ehrenbürger und widmete ihm sogar ein Denkmal. Wenn man bedenkt, dass Zenon nicht in Athen geboren wurde, ist das eine besondere Ehrerweisung.

Die Stoa wird in eine ältere, mittlere und jüngere unterteilt. Dabei wird die alte oder auch antike Stoa von ca. 300 – 150 v. Chr. verordnet. Über die Jahrhunderte hat sich die Stoa gewandelt, wurde ergänzt und von den jeweiligen Leitern der Schule geprägt. Diese Anpassungsfähigkeit führt dazu, dass die Lehren der Stoa nicht von einer Person abhängig waren und sie sich somit über die Jahrhunderte hinweg weiterentwickeln konnten.

Die antike Stoa konzentrierte sich auf Bedürfnislosigkeit und Sittenstrenge. Zentrale Figuren der antiken Stoa sind die ersten drei Schulleiter der Philosophenschule, nämliche Zenon, Kleanthes und Chrysippos. Das physische Erscheinungsbild Zenons wird als hässlich beschrieben. Es gibt die Theorie, dass Zenon deshalb eine sittenstrenge Schule gründete, die sich von dem weltlichen Vergnügen lossagte, da er selbst wegen seines Äußeren nie daran teilhatte. Die Schriften von Zenon sind nicht mehr erhalten. Als Anhaltspunkt dienen Überlieferungen späterer Philosophen, die seine Lehren in ihre Werke mitaufnahmen.

Über den Nachfolger von Zenon, Kleanthes, ist überliefert, dass er eine eher langsame Auffassungsgabe, aber einen großen Willen hatte. Außerdem musste er nachts arbeiten, um sein Leben zu finanzieren, da er tagsüber seine Zeit in der Philosophenschule der Stoa verbrachte. Er war also arm und nicht gerade der schnellste im Kopf. Trotzdem übernahm er als Nachfolger des großen Zenon dessen gegründete Philosophenschule. Seine harte Arbeit und sein enthaltsames Leben stieß auf Anerkennung bei den anderen Stoikern. Allerdings litt die Schule unter seiner Führung, was jedoch durch seinen Nachfolger wiedergutgemacht wurde.

Der dritte Schulleiter der Stoa war Chrysippos. Sein voller Name ist Chrysippos von Soloi. Er wurde ca. 280 v. Chr. geboren. Er hatte maßgeblichen Einfluss auf den Erfolg der Stoa. Manche betrachten ihn sogar als den zweiten Gründer des Stoizismus. Er verfasste mehr als 700 Schriften. Einer seiner Hauptverdienste ist die Systematisierung der Stoa. Er gliederte die stoische Philosophie in die drei Teile Logik, Physik und Ethik. Diese Unterteilung setzte sich durch und wird heute noch genutzt, um das Weltbild der Stoa zu erklären. Jeder der drei Bereiche widmet sich unterschiedlichen Fragen der Weltanschauung und Lebensführung des stoischen Weltbilds. Die Ethik gilt jedoch als wichtigster Bereich. Logik und Physik sind gewissermaßen Vorstufen, die für die Abrundung des Weltbildes nötig sind.

Die Logik setzt sich mit dem bereits erwähnten Logos auseinander. Logos ist die Vernunft, göttliche Kraft und Seele der Welt. Dabei wird die Logik in Rhetorik und Dialektik unterteilt. Die beiden Bereiche setzen sich mit der Beschaffenheit von Sprache auseinander und wie man am besten seine Argumente aufbaut und diese vermittelt. Chrysippos setzte mit seinen Ausführungen zur Aussagenlogik einen Grundstein für die Sprachtheorie.

Der Bereich der Physik beschäftigt sich mit dem Bestehen und der Beschaffenheit von Dingen. Die Stoa geht von einem passiven und einem aktiven Prinzip aus, die für das Bestehen der Welt verantwortlich sind. Als passiv wird eine Art Materie beschrieben, die existiert, aber darüber hinaus keine weiteren Aufgaben übernimmt. Deshalb ist diese passive Materie auf die aktive angewiesen. Erst dann erhält sie die Energie. Das aktive Prinzip ist der Logos, der göttliche Funke und gleichzeitig Weltvernunft. Die beiden Prinzipien lassen sich nicht voneinander trennen, denn in jeder passiven Materie steckt auch der aktive Funke. Das Göttliche ist omnipräsent. Laut des stoischen Weltbilds besteht alles aus Materie. Darunter fällt sowohl Gott als auch die Seele, also einfach alles. Das Feuer spielt dabei eine zentrale Rolle. In der Stoa gibt es das bereits erwähnte Urfeuer, das der Ursprung der Welt ist. Das Urfeuer versetzt die Welt in einen Kreislauf des Vernichtens und Entstehens. Durch einen Weltenbrand wird die Welt vernichtet, woraufhin eine neue Welt entsteht. In der Stoa sorgen die Götter für den geordneten Ablauf, sozusagen eine göttliche harmonische Ordnung. Man stellt sich eher das Gute im Menschen als ein allmächtiges Wesen vor. Der Körper selbst wird in der Stoa als leere Hülle betrachtet. Erst durch den Logos wird daraus ein beseelter Körper. Der Körper an sich wird als passiv betrachtet. Der Logos hingegen als aktive Instanz, da sie den Körper beseelt. Daraus lässt sich auch der Bezug zu Tod und (Un-)Sterblichkeit ableiten. Nach dem Tod des Menschen kehrt die Seele zurück zum Logos, dem Feuer, und hinterlässt lediglich die leere Hülle des Körpers. Stoiker glauben demnach nicht an die Unsterblichkeit des Menschen. Für sie ist die Akzeptanz der Sterblichkeit eine Voraussetzung für die richtige Lebensführung. Wenn man seine eigene Endlichkeit akzeptiert hat, kann man ein glückliches Leben führen.

Der letzte und wichtigste Bereich der Stoa ist die Ethik. Hier werden Fragen nach dem Guten und Schlechten geklärt. Als gut werden Eigenschaften wie Genügsamkeit, Vernunft, Intelligenz, Gerechtigkeit oder Beherrschung angesehen. Als schlecht hingegen gelten Dummheit, Maßlosigkeit und Lust. Wie sich ein Mensch entwickelt, hat jeder selbst zu verantworten. Im Stoizismus gilt die freie Willensbildung. Neben den guten und schlechten Einschätzungen gibt es noch die neutralen Eigenschaften.

Dazu zählen beispielsweise Gesundheit, Vermögen, Tod etc. Sie sind äußere Bedingungen, die nicht im Fokus eines Stoikers stehen. Diese sind Teil des Schicksals, das man hinnimmt. Selbst wenn man arm und krank ist, akzeptiert man dieses Schicksal gelassen. Mit den inneren Umständen verhält es sich gegenteilig. Die inneren Einstellungen kann jeder selbst beeinflussen und sich bemühen, Gelassenheit zu erlangen. Wenn Schicksalsschläge die äußeren Gegebenheiten bestimmen, dann kommt es darauf an, wie man auf die Situationen reagiert. Es ist also einem selbst überlassen, ob man sie akzeptiert oder seine Seele darüber in Aufruhr versetzt (was als schlecht gilt in der Stoa). Mit Chrysippos neigt sich die Epoche der antiken Stoa dem Ende zu und es folgt die mittlere Stoa.

Die mittlere Stoa wird ungefähr in der Zeit von 180 - 50 v. Chr. verortet. Ihre wichtigsten Vertreter sind Panaitios und Poseidonios. Im Gegensatz zur antiken Stoa spielt sich die mittlere Stoa nicht mehr ausschließlich im antiken Griechenland ab, sondern beginnt, sich im Römischen Reich zu verbreiten. Der damalige Schulleiter Panaitios etablierte die Verbindung zwischen Stoa und der römischen Oberschicht. Die Strenge der Grundsätze der antiken Stoa wurden in dieser Zeit abgeschwächt, sodass eine gemäßigtere Form des Stoizismus zu einer Erweiterung des Publikums der Stoa führte. Im Laufe der Zeit wurde ein maßvoller Anteil an Vermögen und Gefühlen, vor allem Liebe, als Teil des glücklichen Lebens akzeptiert. Die eingesetzte Veränderung wurde durch Panaitios Schüler und Nachfolger fortgesetzt.

Poseidonios wurde der nächste Schulleiter der Stoa. Er galt als bemerkenswerter Universalgelehrter der Antike, der viele Reisen unternahm, um zu forschen und die Welt zu erklären und verstehen. Er wurde nicht in Athen geboren, sondern kam für seine Ausbildung in die griechische Stadt. Er gründet sogar auf Rhodos seine eigene philosophische Schule, die großes Ansehen erreichte, auch innerhalb der römischen Führungsschicht. Gleichzeitig macht er auf Rhodos politische Karriere und stand in engem Kontakt mit Rom. Die Lehren der Stoa erweiterte er in der Hinsicht, dass er einen Teil der Seele als nicht von der Vernunft kontrollierbar einteilte. Diese Aussage wäre in der antiken Stoa undenkbar gewesen, da das Lossagen von jeglichen Gefühlen Voraussetzung für ein glückliches Leben ist. Ein wichtiges Merkmal der mittleren Stoa ist die Verbreitung der Philosophie im römischen Raum, sodass in dieser Zeit die Anfänge für einen römischen Stoizismus gelegt wurden.

Die jüngere Stoa (ca. 50 v. bis 100 n. Chr.) wird auch als römische Stoa bezeichnet, da sie im Römischen Reich angesiedelt ist und nicht mehr im antiken Griechenland. Wenn heutzutage Werke von Stoikern behandelt werden, so sind das meistens Anhänger der jüngeren Stoa. Das liegt mitunter an dem einfachen Grund, dass die schriftlichen Werke der älteren und mittleren Stoa gar nicht überliefert oder schlechter sind als die der jüngeren. Bekannte Autoren der jüngeren Stoa sind Seneca, Epiktet und Marc Aurel.

Seneca ist vermutlich einer der bekanntesten Stoiker und gehört der jüngeren Stoa an. Er wurde etwa gegen 1 n. Chr im heutigen Córdoba geboren. Er hatte eine Ausbildung als Anwalt und Rhetoriker hinter sich, als er in die Politik einstieg. Sein Hauptwerk sind die sogenannten Epistulae morales ad Lucilium (Moralische Briefe an Lucilius). Das Werk umfasst insgesamt 124 Briefe, die an seinen Freund Lucilius adressiert sind. Die Existenz von Lucilius ist bis heute umstritten. Ziel der Briefe ist es, Lucilius zum ethisch moralischen Leben zu bekehren. Die Briefe sind im Grundsatz stoisch und besitzen durch die dialogische Gestaltung einen appellativen Charakter, sodass sich die Lesenden angesprochen fühlen. Seneca will eine Handlungsorientierung im Leben liefern und spricht dadurch eine breite Leserschaft an. Ein weiteres Merkmal, das zur Popularität der Briefe führt, ist der Stil, in dem die Text verfasst sind. Es handelt sich um eher kürzere Sätze und keine endlosen Ausschweifungen, die das Verstehen erschweren. Außerdem verwendet Seneca keine komplexen philosophischen Begriffe. Seine Texte werden bis heute gerne im Lateinunterricht übersetzt und diskutiert. Die Zeitlosigkeit seiner Werke spiegelt sich in den Themen wider, die er behandelt. Es sind alltägliche Dinge, die die Menschen damals wie heute beschäftigen – Freundschaft, Liebe, Trauer, Glück etc. Der folgende Ausschnitt ist aus dem ersten Brief und behandelt das Thema Zeit und wie man mit dem wertvollen Gut umgehen sollte:

„Überzeuge Dich, dass es so ist, wie ich schreibe:

manche Augenblicke werden uns entrissen, manche entzogen, manche verrinnen. Der beschämendste Verlust jedoch ist der, der durch Nachlässigkeit verursacht wird. Und wenn Du aufmerken willst: ein großer Teil des Lebens entgleitet den Menschen, wenn sie Schlechtes tun, der größte, wenn sie nichts tun, das ganze Leben, wenn sie Nebensächliches tun.“[1]

Anfangs war Seneca als Politiker tätig, jedoch verabschiedete er sich nach und nach von diesem Leben, um sich komplett der Philosophie hinzugeben. Er war engster Berater des Kaisers Nero und stieg während seiner politischen Laufbahn sogar bis zum Konsul auf. Damit verbunden war ein finanzielles Vermögen, das ihn zur Oberschicht Roms aufsteigen ließ. Sein Ende war nicht sehr erfreulich. Nero beschuldigte ihn, an einer Verschwörung gegen ihn mitgewirkt zu haben, sodass er Seneca zum Selbstmord zwang. Für einen Stoiker ist der Selbstmord in ausweglosen Situationen gestattet. Über Senecas Selbstmord kursiert die Geschichte, dass sich sein Sterben in die Länge zog und er es jedoch tapfer ertrug. Er starb im Kreis seiner Freunde und diktierte Schreibern noch seine letzten Gedanken.

Bei dem Autor Epiktet ist das Erstaunliche, dass er ein

---

[1] Marion Giebel (Hg.)(2018): Lucius Annaeus Seneca. Epistulae morales ad Lucilium. Briefe an Lucilius über Ethik. Ditzingen, Reclam. S. 11.

Sklave war und somit unfrei, jedenfalls bis zu dem Zeitpunkt, bis er freigelassen wurde. In der Antike war die Sklaverei sehr weit verbreitet. Als Sklave war man auf die Gunst seines Herren angewiesen. Er konnte einem die Freiheit schenken. Epiktet war also Sklave und Philosoph. Epiktets äußere Unfreiheit verleitete ihn dazu, nach wahrer Freiheit zu suchen. Diese sah er als innere Freiheit an, und zwar losgelöst von allen äußerlichen Einflüssen. In dem Werk „Handbüchlein der Moral", das der Nachwelt überliefert ist, finden sich viele stoische Lehren. Das Handbüchlein wurde nicht von Epiktet selbst geschrieben, sondern von einem seiner Schüler. Er verschriftlichte Epiktets Vorträge und ermöglichte damit die Überlieferung an die Nachwelt. Der folgende Auszug aus diesem Werk fasst seine stoische Ansicht kurz zusammen:

„Über das eine gebieten wir, über das andere nicht. Wir gebieten über unser Begreifen, unsern Antrieb zum Handeln, unser Begehren und Meiden, und, mit einem Wort, über alles, was von uns ausgeht; nicht gebieten wir über unsern Körper, unsern Besitz, unser Ansehen, unsere Machtstellung, und, mit einem Wort, über alles, was nicht von uns ausgeht. Worüber wir gebieten, ist von Natur aus frei, kann nicht gehindert oder gehemmt werden; worüber wir aber nicht gebieten, ist kraftlos, abhängig, kann gehindert werden und steht unter fremdem Einfluß."[2]

---

[2] Kurt Steinmann (2019): Epiktet. Handbüchlein der Moral.

Das Streben nach innerer Freiheit ist für jeden möglich, unabhängig von seinen Umständen. Das spricht für die Tatsache, dass in der Stoa die Menschen als gleich angesehen wurden. Ansonsten wäre es wohl kaum möglich gewesen, dass ein Sklave zu einem ihrer bekanntesten Vertreter wurde. Über Epiktet existiert die Geschichte, dass er selbst dann gelassen blieb, als sein Herr ihm sein Bein so weit verdrehte, bis es schließlich brach. Anstatt sich vor Schmerzen gehen zu lassen, blieb er ruhig und betrachtete die Ereignisse rational („Du hast mir mein Bein gebrochen.").

Dann wäre da noch Kaiser Marc Aurel. Er wurde 121 n. Chr. geboren. Wie man aufgrund seines Titels bereits vermuten kann, wurde er in eine privilegierte Familie hineingeboren. Dadurch wurde ihm eine gute Bildung zuteil. Durch seinen Lehrer kam er mit der Philosophie in Kontakt. Er war zwar nicht der leibliche Sohn des damaligen Kaisers Hadrian, aber nachdem dieser keinen eigenen Sohn hatte, wurde Marc Aurel schon früh als dessen Nachfolger bestimmt. Im Alter von 40 Jahren bestieg er den Kaiserthron des Römischen Reiches. Marc Aurel war Kaiser und Philosoph zugleich. Das eindrücklichste Beispiel von seinem Leben als Stoiker ist sein Tod. Marc Aurel erkrankte an der Pest. Um sein Schicksal zu ertragen, zog er sich zurück und wartete von nun an auf sein Ende. Marc Aurels wichtigstes Werk sind

---

Ditzingen, Reclam. S. 7.

die „Selbstbetrachtungen“, in denen er über seine Grundsätze und Ideale nachdachte. Er gilt als letzter wichtiger Vertreter der jüngeren Stoa. Das folgende Zitat stammt aus den Selbstbetrachtungen und thematisiert eines seiner Vorbilder und was Marc Aurel von ihm gelernt hat:

„Von Maximus Selbstbeherrschung und Beharrlichkeit in allem, guten Mutes zu sein in allen Nöten und bei Krankheiten, Gelassenheit, Freundlichkeit und Würde und die gewissenhafte Erledigung obliegender Aufgaben.“[3]

Ein weiterer Grund, der zur Verbreitung der Stoa und ihren Lehren führte, ist das Christentum, das Aspekte der Stoa aufnahm und mit den eigenen religiösen Grundsätzen vereinte. Doch dazu kommen wir in einem späteren Kapitel noch einmal genauer.

Damit beenden wir die Entstehungsgeschichte über die vielfältigen Aspekte der stoischen Epochen und gehen nun zu dem nächsten Teil über. In jenem werden die Prinzipien und Grundregeln des Stoizismus thematisiert.

---

[3] Gernot Krapinger (Hg.): Marc Aurel. Selbstbetrachtungen. Ditzingen, Reclam. S. 13.

PRINZIPIEN UND GRUNDREGELN

Für Stoiker gibt es verschiedene Leitlinien, sogenannte Tugenden (lat. virtus), die für ein glückliches Leben (lat. vita beata) unabdingbar sind. Als Tugend werden sittlich gute Eigenschaften aufgefasst. Die Seelenruhe gilt als höchstes Gut und ist mit einem glücklichen Leben gleichzusetzen. Die Verkörperung der idealen Lebensführung ist der stoische Weise.

Für die Stoiker gehörte ein aktives Leben in der Politik dazu. Man wollte sich an dem öffentlichen Geschehen beteiligen. Man sah es als seine Pflicht an, Verantwortung zu übernehmen. Da alle Menschen eine Weltgemeinschaft bilden, wollte man etwas Nützliches für die Gemeinschaft tun.

Eine weitere wichtige Grundregel ist, sein Schicksal zu ertragen. Alles ist durch ein unabänderliches Schicksal vorherbestimmt, dem man sich als Stoiker fügt. Angst vor dem Tod, vor Krankheit oder anderen Verlusten gibt es nicht. Diese Güter sind zwar auch für einen Stoiker unbequem, allerdings hat es keine Auswirkungen auf das glückliche Leben, da diese Dinge außerhalb der eigenen Entscheidungsgewalt liegen. Die Umstände werden akzeptiert, wie sie sind. Wenn man gelassen seinem Schicksal folgt, lässt sich dieses nicht in gut und schlecht unterteilen. Es ist sozusagen jedes Schicksal gut. Es wird erst durch die falsche Meinung als schlecht bewertet.

Eine der Haupttugenden der Stoa ist die Vernunft (lat. ratio). Der Vorzeige-Stoiker lässt sich von seiner Vernunft leiten und von nichts und niemandem anderen. Gefühle oder andere emotionalen Empfindungen werden niemals über die Vernunft gestellt, oder einfacher ausgedrückt: Kopf über Herz. Die Vernunft sagt einem auch, dass man als Mensch nur begrenzt auf die Dinge Einfluss üben kann. Das einzige, das man kontrollieren kann, ist sich selbst. Das umfasst das eigene Denken und Handeln. Davon ausgeschlossen sind das Denken und Handeln anderer Menschen sowie die äußeren Umstände, in denen man sich befindet. All jene Dinge sind durch den göttlichen Plan vorherbestimmt.

Der Gleichheitsgedanke in Bezug auf Menschen ist ein weiterer Grundsatz im Stoizismus. Da alle Menschen durch den Logos beseelt werden, sind die Grundvoraussetzungen für jeden Menschen gleich. Ein Stoiker hat einen kosmopolitischen Ansatz und fühlt sich als Weltbürger, als Teil des großen Ganzen.

Die Unerschütterlichkeit ist eine weitere Tugend, die einen Stoiker ausmacht. Das geht so weit, dass man sich weder von physischen noch psychischen Schäden aus der Ruhe bringen lässt. Im Kern geht es darum, die Kontrolle über seinen Körper und seine Emotionen zu behalten. Die Begründung dafür lautet, dass Dinge wie Trauer, Schmerzen, Tod etc. als schlimm verurteilt werden. Wenn man diese Ansicht rational aufschlüsselt, bleibt lediglich die Erkenntnis darüber, dass diese Dinge als schlecht angesehen werden. Aber sind sie es auch wirklich? Und wer behauptet, dass sie schlecht sind? Dadurch wird die Wirkungskraft dieser Empfindungen relativiert und es fällt einem Stoiker leichter, diese Dinge als sein Schicksal zu akzeptieren.

Eine weitere Regel der stoischen Philosophie ist, im Einklang mit der Natur zu leben. Auf Latein wird der Satz mit „Secundum naturam vivere" zitiert. Da man den Menschen als ein von Natur aus vernünftiges Wesen ansieht, kann der Grundsatz auf die Vernunft umgeschrieben werden, sodass man im Einklang mit der Vernunft leben sollte. Diese vernünftige Lebensweise spiegelt sich in den Tugenden Weisheit, Tapferkeit, Besonnenheit und Gerechtigkeit wider.

NUTZEN UND ZIEL VON STOIZISMUS

Wie andere philosophische Strömungen der Antike versucht auch die Stoa die Frage zu beantworten, wie der Mensch leben sollte, um ein glückliches Leben zu erlangen (vita beata). Bereits in der Antike gab es regelmäßig Konflikte und Kriege, die zu Unsicherheit bei den Menschen führte. Die Stoa versuchte, den Menschen eine Lebensweise aufzuzeigen, mit der sie Halt finden und zufrieden leben können, selbst wenn die äußeren Umstände schwer zu ertragen sind. Das Ziel des

Stoizismus war und ist ein glückliches Leben durch Tugend. Das heißt Seelenruhe, die durch nichts aus dem Gleichgewicht gebracht werden kann. Diese innere Ruhe ist es die sowohl früher als auch heute Menschen dazu bringt, sich mit dem Stoizismus auseinanderzusetzen. Es wird ein Weg gesucht, um mit den Widrigkeiten der Realität klarzukommen. Man führt sein Leben im Einklang mit der göttlichen Vernunft, die ein Schicksal für jeden vorhergesehen hat. Durch den Logos, der in jedem Menschen ist, haben alle Anteil an der göttlichen Ordnung. Das idealtypische Leben im Sinne der Stoa verkörpert der stoische Weise. Durch die Leidenschaftslosigkeit (apatheia) erfahren Schmerz, Ängste, Hoffnungen, Sorgen etc. eine untergeordnete Stellung, die ein wahrer Stoiker erträgt auf seinem Weg zur Gelassenheit. Er lässt sich durch nichts aus der Ruhe bringen und verfolgt unerschütterlich sein Schicksal (ataraxia). Triebe, Leidenschaften oder Lust machen den Menschen nur unglücklich, weshalb ein Stoiker seine Leidenschaften und Emotionen kontrollieren muss. Alles, was sich nicht mit der Vernunft vereinbaren lässt, bleibt von einem Stoiker unbeachtet. Mit einer ausgeprägten stoischen Einstellung lässt sich jedes Schicksal ertragen. Das impliziert harte Arbeit an sich selbst.

Ein Stoiker betrachtet Ablenkungen im Leben als Zeitverschwendung, wenn sie nicht zu einem tugendhaften Leben beitragen. Ablenkungen sind beispielsweise Lust, Streben nach Macht und Ansehen. Das Leben sollte ausgenutzt und nicht durch Faulheit vergeudet werden.

Ein Stoiker weiß, dass alles vergänglich ist, und will deshalb die Zeit effektiv nutzen.

Der große Nutzen des Stoizismus wird darin gesehen, dass er dabei hilft, das Schicksal zu ertragen. Das bedeutet auch, dass ungeahnte Schicksalsschläge hingenommen werden, aber nicht dazu führen, dass man seine Ausgeglichenheit verliert. Sich zu beklagen oder Selbstmitleid gehören nicht zu den Eigenschaften der Stoiker.

STOIZISMUS IM VERGLEICH

STOIZISMUS PRO UND CONTRA

Stoa-Workshops, Ratgeber, Wochenendkurse – der Stoizismus ist auf dem Aufschwung und ist alles andere als eine verstaubte Philosophie. Vor allem während und nach der Finanzkrise 2008/2009 ließen sich viele Manager von der stoischen Philosophie inspirieren. Nach dem Motto „Es könnte noch schlimmer kommen", wurde das eigene Schicksal bzw. das der Firma stoisch ertragen oder man suchte nach einem Weg, es zu ertragen. Der Stoizismus ist also bis heute noch in der Lage, Menschen den Weg zum glücklichen Leben zu weisen. Bei allem Erfolg der Philosophie muss man allerdings auch beachten, dass die

Verlage und PR-Agenturen nicht zu den Anhängern von Genügsamkeit und Mäßigkeit gehören. Vielmehr zählen dort Verkaufszahlen und Einkommen. Die Kritik am Widerspruch von Theorie und Praxis lässt sich auch hier nicht vermeiden.

Bereits Seneca stand in der Kritik, da er mit einem großen Vermögen in der Tasche über Armut und Mäßigkeit philosophierte. Durch diesen Widerspruch zwischen Theorie und Praxis war Senecas Glaubhaftigkeit angekratzt.

Ein Kritikpunkt an der Stoa ist die Erhöhung der Vernunft als höchstes Gut. Zunächst hört sich das erst einmal „logisch" an, wenn man sich von seiner Vernunft leiten lässt. Das würde allerdings auch bedeuten, dass Dinge wie Familie, Freunde, finanzielle Absicherung etc. nicht zu den Eigenschaften gehören, die zu einem glücklichen Leben führen können. Diese Lehren werden vor allem in der modernen Welt sehr kontrovers betrachtet, da sehr wohl die Auffassung verbreitet ist, dass menschliche Beziehungen zu einem zufriedenen Leben beitragen. Daraus folgt der nächste Kritikpunkt.

Wenn man sich nur von seiner Vernunft leiten lässt, spielen Gefühle und andere Emotionen keine Rolle bzw. dürfen keine Rolle spielen. Diese Empfindungen werden in der Stoa sogar als schädlich bezeichnet, die es zu bekämpfen gilt, da sie der Vernunft im Wege stehen könnten. Hierbei stellt sich die Frage, ob Emotionen wirklich schädlich sind oder ob sie schlichtweg zum menschlichen Leben dazugehören. Seine Gefühle auszudrücken und auszuleben, kann auch eine befreiende, ja sogar wichtige Wirkung haben. Was würde passieren, wenn man seine Wut oder Traurigkeit über längere Zeit unterdrückt, bis sie mit voller Wucht ausbricht? Nach heutigem Wissenschaftsstand würde das ernsthafte psychische Folgen mit sich ziehen. Vielmehr kommt es darauf an, seine Emotionen zu kontrollieren und zu lenken. Vertreter des Stoizismus halten der Kritik der Emotionslosigkeit entgegen, dass Gefühle sehr wohl existieren, allerdings nur in einem Ausmaß, in dem sie nicht die Vernunft überdecken und den Menschen von seiner vernunftgeleiteten Bahn abbringen könnten. Folglich geht es darum, die Kontrolle über seine Gefühle zu besitzen und sie in kontrolliertem Maße zuzulassen.

Stoiker sehen den Ablauf der Welt im Voraus festgelegt. Dazu gehört auch der einzelne Mensch, dessen Leben durch ein vorherbestimmtes Schicksal in festen Bahnen abläuft. Wirkliche Freiheit gibt es im Stoizismus nicht. Vielmehr wird Freiheit darin verstanden, dass man sich freiwillig seinem Schicksal fügt. Durch dieses Fügen erlangt man wiederum Freiheit, da man sich keine Sorgen mehr um sein Schicksal macht, da man weiß, es wird so passieren, wie es vorhergesehen ist. Unter den göttlichen Plan fallen auch Schicksalsschläge, die ein Stoiker gelassen akzeptieren sollte. Die Vorstellung, dass ein Elternteil die Nachricht, dass das eigene Kind überfahren wurde, gelassen aufnimmt, scheint doch sehr fragwürdig. In der Theorie mag die Seelenruhe nachvollziehbar klingen, in der

Praxis ist es vor allem in Extremsituationen sehr zweifelhaft, ob stoische Lehren einem auch dann inneren Frieden schenken können. Außerdem besteht die Gefahr, zur Teilnahmslosigkeit überzugehen, in der einem alles egal ist, da man sowieso nichts daran ändern kann. Diese Einstellung ist nicht zielführend, da man Gefahr läuft, sein Leben nicht mehr aktiv zu leben.

Die stoischen Lehren wurden in der Antike in eigens gegründeten Philosophenschulen gelehrt. Die Anhänger, die sich dort in die Lehre begaben, hatten die Mitschüler und natürlich den Lehrer, die einem auf dem philosophischen Werdegang eine Unterstützung waren. Diese Art der Lehre gibt es heute nicht mehr, ausgenommen das Philosophiestudium an Universitäten, das sich keiner vergleichbaren Popularität erfreut. Selbst dann ist das Studium nicht speziell auf die Stoa ausgelegt, sondern umfasst verschiedene philosophische Strömungen und Denkansätze. Daher stellt sich die Frage, wer der richtige Ansprechpartner ist, wenn man sich der stoischen Philosophie widmen möchte. Versucht man es autodidaktisch mit YouTube-Videos und Blogartikeln? Oder investiert man in Seminare und Workshops? Einen Rückzugsort, wie es die jeweilige Philosophenschule war, gibt es in diesem Ausmaß heute nicht mehr. Aus diesem Grund muss das Lehren und Lernen der Stoa neu gedacht und an die heutige Zeit angepasst werden.

Im Allgemeinen wirkt die Theorie der Stoa nachvollziehbar. In der Praxis gibt es jedoch einige markante Stolpersteine, die nur durch harte Arbeit an sich selbst und einem festen Willen beseitigt werden können. Dinge wie das Lossagen von Emotionen sind nicht mehr zeitgemäß und wurden durch wissenschaftliche Erkenntnisse widerlegt. Man sollte auch den zeitlichen Aufwand bedenken, den man als Stoiker in die Philosophie investiert. Immerhin machten sich die Philosophen der Antike die stoische Philosophie zu ihrer Lebensaufgabe und sahen es als ihren Lebensinhalt an, sich der Philosophie zu widmen. Bei einem derartigen Fokus scheinen die Erfolgschancen, dem Ideal des stoischen Weisen näherzukommen, etwas höher. Daneben scheinen die Lehrbücher und zehnminütigen Erklärvideos trivial.

Wer den Grundgedanken der Stoa gutheißt und mit der Seelenruhe als höchstes Ziel leben will, kann sich ein individuelles Ziel stecken, das auf die eigenen Umstände angepasst ist. Vielleicht wäre auch eine Kompromisslösung in der heutigen Zeit angebracht, in der man, so gut es geht, im Alltag Gelassenheit und Vernunft walten lässt.

STOIZISMUS UND EPIKUREISMUS

Zeitgleich zur Stoa entwickelte sich in Athen eine weitere philosophische Denkschule. Es handelt sich um den Epikureismus, benannt nach dem Gründer Epikur. Er wurde ungefähr 341 v. Chr. geboren und kam als junger Mann nach Athen. Dort erwarb er ein Haus inklusive

Garten, der als Treffpunkt für sich und seine Anhänger diente. Die Lehren Epikurs weisen einige markante Unterschiede zur Stoa auf. Jedoch zielen beide Philosophenschulen auf die Beantwortung der Frage nach einem glücklichen Leben. Die Epikureer fanden ihr glückliches Leben in der Lust. Lust wird in dem Sinne als lustvolles Leben verstanden und nicht als die sinnliche Erfahrung eines Lustempfinden. Ein Epikureer orientiert sein Leben daran, ob eine Handlung oder Veränderung ihm Leid oder Lust bringt. Daraus ergibt sich ein Ausschlussprinzip, nach dem alles vermieden wird, was zu keinem lustvollen Leben beiträgt. Lust meint Seelenruhe bzw. die Abwesenheit von Besorgnissen. Diese Seelenruhe erinnert an die der Stoiker. Allerdings meint die Seelenruhe bei den beiden Philosophien unterschiedliche Zustände. Im Epikureismus stellt sich die Gelassenheit ein, wenn der Körper frei von Schmerzen oder anderen negativen Empfindungen ist und auch der Geist frei von Sorgen ist. Weder physisch noch psychisch wird die Seele gestört. Epikur vergleicht die Seelenruhe mit einem ruhigen Meer. Demnach müssen zuerst alle Bedürfnisse eines Menschen erfüllt sein, um diese Ruhe zu erlangen. Erfüllung der Grundbedürfnisse heißt, nicht im Überfluss zu leben. Epikureer sehen sich oft mit ihrem Lebensziel der Lust missverstanden. Sie meinen nicht den reinen Genuss im Leben, exzesshaften Luxus oder gar sexuelle Lust. Für sie bedeutet Lust körperliches Wohlbehagen und seelische Entspanntheit.

Anstelle des stoischen Logos tritt im Epikureismus ein Weltbild, das die Welt aus Atomen bestehend sieht. Diese Atome bilden durch Verklumpung Materie. Die Bildung der Materie unterliegt keinem bestimmten System, sondern erfolgt zufällig und willkürlich. Unter dieses Prinzip fällt auch die Entstehung der Menschen. Der menschliche Körper besteht aus zufällig aneinander geketteten Atomen. Die Seele und ihre Gemütszustände spiegeln ebenfalls Bewegungen der Atome wider. Angst vor dem Tod gibt es im Epikureismus nicht. Da alles aus Atomen besteht, zerfällt der Körper nach dem Tod wieder in Atome und löst sich auf. Epikureer glauben an kein Jenseits oder an Götter. Die Rolle der Götter beschränkt sich darauf, dass sie in sogenannten Intermundien existieren, eine Art Zwischenwelt. Sie haben aber keinen Einfluss auf das weltliche Geschehen und sind auch nicht mit Menschen oder Dingen verbunden. Damit nimmt Epikur den Menschen die Angst vor den Göttern.

Epikureer glauben nicht an ein festes Schicksal, sondern an das Zufallsprinzip und dass jeder einen freien Willen besitzt. Darin lässt sich ein grundlegender Unterschied zu den Stoikern erkennen. Sehen sich diese von einem unabänderlichen Schicksal geleitet, sieht Epikur ein selbstbestimmtes Leben und Gestaltungsfreiheit gegeben. Die Öffentlichkeit und die Politik werden von den Epikureern gemieden. „Lathe biosas!" – „Lebe im Verborgenen", lautet einer der Leitsprüche aus dem Epikureismus. Die Zeit, in der der Epikureismus entsteht, ist eine Zeit der Umbrüche und Unsicherheiten. Der

Glaube an politische oder gesellschaftliche Ideale ist erloschen, sodass man sich zurückzieht, der Philosophie widmet und an seinem persönlichen Glück arbeitet.

Wie im Stoizismus geht es auch im Epikureismus um ein glückliches Leben. Epikureer finden dieses in angenehmen sinnlichen Erfahrungen. Als schlimmstes Übel gilt der Schmerz. Die Epikureer trafen sich nicht im Zentrum Athens in einer Säulenhalle, sondern in einer entspannten, angenehmen Umgebung – in Epikurs Garten. Zutritt hatten Männer und, das ist ein Novum, auch Frauen. Diese wurden beispielsweise in der Stoa nicht beachtet.

Epikureer werden gewissermaßen als Feinde der Stoa angesehen. Deren Philosophie entspricht genau dem Gegenteil dessen, was die Stoiker für wichtig und erstrebenswert halten. Anders als die stoischen wurden die epikureischen Lehren nicht verändert oder angepasst. Sie blieben über die Jahre hinweg gleich und Epikur stand im Zentrum seiner Anhänger. Die Überlieferungen aus der damaligen Zeit sind mangelhaft. Originalschriften von Epikur sind so gut wie nicht mehr vorhanden. Es gibt einige Überlieferungen von den Dichtern Horaz und Lucrez, die auf Epikur Bezug nehmen. Das folgende Zitat stammt von Lucrez, in dem von Epikur die Rede ist. Er wird als Grieche bezeichnet.

„Schmachvoll, so konnten es alle sehen, lag das Leben, lagen die Menschen im Staub, niedergedrückt unter der Last des Aberglaubens, der aus erhaben himmlischen

Regionen das Haupt herabreckt und mit schreckender Fratze den Sterblichen droht. Gegen sie den sterblichen Blick zu erheben, erstmals dagegen aufzustehn, hat ein Grieche gewagt. Nichts konnte ihn schrecken, nicht, was erzählt wurde über die Götter, Blitze nicht und kein vom Himmel grollendes Getöse; das vielmehr steigerte seinen

Mut noch, sein Verlangen, der Erste zu sein, der die Riegel aufbricht, die das Tor zur Natur der Dinge verschlossen hielten.“[4]

Nach dem Tod von Epikur verliert dessen Philosophie langsam, aber sicher an Bedeutung. Ein weiterer Grund, der die Ausbreitung des Epikureismus verhinderte, war das Christentum. Im Gegensatz zur Stoa stufte die Religion den Epikureismus als Sittenlosigkeit und Gefahr ein, die es zu verhindern galt.

---

[4] Klaus Binder (2017): Lukrez. Über die Natur der Dinge. Dtv Verlagsgesellschaft, Galiani Berlin. S. 41.

STOIZISMUS UND CHRISTENTUM

Was hat eine antike Philosophie mit einer der größten Weltreligionen gemeinsam und was unterscheidet sie? Um dieser Frage nachzugehen, wird zunächst der Kontext betrachtet, in dem das Christentum entstand. Für die Religion ist Jesus die Schlüsselfigur. An seinem Erscheinen orientierte man sogar die geschichtliche Zeitrechnung, indem man eine Zeit vor und eine nach Christus unterschied. Jesus war ein Prediger und verkündete Gottes Wort, wie es Christen sagen würden. Ein Mann, der umherzieht und Predigen hält, war damals nicht ungewöhnlich. Vielmehr ist es erstaunlich, welches Ausmaß seine Predigten annahmen und wie viele Menschen zu seinen Anhängern wurden. Die Kernbotschaften von Jesus waren Gottes Liebe zu den Menschen, und zwar zu allen Menschen, ganz egal welcher Status, Herkunft oder welchen Geschlechts. Und Nächstenliebe, die jeden einzelnen betraf. Jesus war Jude, weshalb das Judentum und das Christentum viele Überschneidungen besitzen. Im Christentum glaubt man an ein besseres Leben nach dem Tod. Das Jenseits spielt eine bedeutende Rolle im Glauben. Man spricht sogar von Erlösung, die Erlösung von dem irdischen Leben. Eine Orientierungshilfe, wie man als Christ leben sollte, bieten die zehn Gebote. Der Erfolg des Christentums und dessen rasche Ausbreitung zeigt sich darin, dass es von dem römischen Kaiser als Gefahr angesehen wurde. Das ging so weit, dass die Römer Jesus und damit den Anführer der neuen Religion am Kreuz hinrichteten. Dieses Schicksal ereilte ebenfalls viele seiner Mitbrüder und -schwestern, sodass es zu einer systematischen Christenverfolgung im Römischen Reich kam. Erst im Jahr 313 n. Chr. wurde das Christentum als Religion toleriert, also dreihundert Jahre nachdem Christus gelebt hatte. Das Römische Reich begann im vierten Jahrhundert nach Christus zu verfallen. Gleichzeitig war das Christentum auf dem Vormarsch und verbreitete sich immer stärker. Aspekte der Stoa verschmolzen mit dem Christentum, das letztendlich zu einer der führenden Religion aufstieg.

Eine große Gemeinsamkeit zwischen Stoa und Christentum liegt in dem Gebot der Bescheidenheit. Ein ruhmreiches Leben im Überfluss lehnen beide Strömungen ab. Die Tugenden eines stoischen Weisen sind Mäßigkeit, Selbstbeherrschung und Gerechtigkeit. Diese Eigenschaften entsprechen den christlichen Tugenden. Obwohl Mäßigkeit sowohl eine der christlichen als auch stoischen Tugenden war, lebten führende Personen teilweise in großem Reichtum und führten einen prunkvollen Lebensstil. Letzteres trifft vermutlich auf Kardinäle und Bischöfe mehr zu als auf Stoiker.

Sowohl Stoa als auch Christentum haben in ihrer Geschichte Veränderungen ihrer Lehren in Kauf nehmen müssen. Die Stoa teilte sich über die Jahrhunderte in drei Epochen, die ältere, mittlere und jüngere. Im Christentum ging die Teilung noch einen Schritt weiter, zu einem sogenannten Schisma. Darunter versteht man eine Spaltung, aus der danach zwei getrennte Kirchen hervorgingen. Aus einer dieser Trennungen ging die orthodoxe Kirche hervor im Jahr 1024. Ein zweites großes Schisma setzte mit der Reformation 1517 ein, die, verursacht durch Martin Luther, die protestantische Kirche hervorbrachte.

Eine entscheidende Differenz zwischen Stoa und Christentum ist die Gottesvorstellung. Die Lehren der Stoa sehen im Logos eine göttliche Weltseele, die alles Materielle beeinflusst und einem Prinzip folgt. Im Christentum hingegen ist die Religion auf Gott ausgerichtet. Der Hauptunterschied ist, dass das Christentum mit der göttlichen Offenbarung verbunden ist: Gott, der jeden Menschen liebt. Das Christentum ist eine Glaubensrichtung. Die Stoa hingegen ist ein philosophischer Ansatz. In der Stoa verfolgt man ein materielles Weltbild, das durch Vernunft geleitet wird. Es kommen zwar Götter vor, aber sie nehmen eher eine abwesende Rolle ein. Allerdings war jeder Mensch mit einem göttlichen Funken ausgestattet, der ihm einen Anteil an der göttlichen Ordnung einbrachte, ähnlich wie im Christentum, in dem es eine göttliche Ordnung gibt und das Leitbild gilt, dass Gott in einem innewohnt. Die Entstehung der Welt wird im Christentum mit der Schöpfungsgeschichte erklärt, in der beschrieben wird, wie Gott die Welt nach seinem Belieben erschuf. In der Stoa gibt es den Kosmos, der einer göttlichen Ordnung folgt. In beiden Fällen erkennt man darin eine Vollkommenheit, die durch göttliches Wirken entstanden ist.

Eine weitere Ähnlichkeit findet sich in dem Geist, der in beiden Lehren vorkommt. Im Stoizismus wird der Geist als Pneuma bezeichnet und meint einen göttlichen Hauch, der alles, bis in die letzte Materie, durchdringt. Im Christentum wird unter Geist der Heilige Geist verstanden, der Teil der Dreifaltigkeit ist und somit eine Vergegenwärtigung Gottes.

Das Gebot der Nächstenliebe, das im Christentum eine hohe Stellung einnimmt und gewissermaßen Grundlage für alles soziale Handeln darstellt, findet Anfänge im Stoizismus. Ein Stoiker richtet sein Handeln nicht nach der Nächstenliebe aus, sondern vielmehr nach der eigenen Seelenruhe und Ausgeglichenheit. Allerdings sind laut Stoizismus alle mit dem Logos verbunden, wodurch eine Art Gemeinschaft entsteht, für die man sich engagieren soll. Im Christentum werden der Gemeinschaftsgedanke und die Verbundenheit zum Nächsten erweitert, indem man seinen Nächsten lieben soll.

BUDDHISMUS UND STOIZISMUS

Die Lehre vom Glück, so wird Buddhismus synonym bezeichnet. Anders als in den übrigen Weltreligionen ist Buddha kein Gott oder eine Verkörperung von ihm, sondern ein Mensch. Die Geschichte vom Buddhismus setzt mit der Geburt eines Königskindes ein, vor über 2500 Jahren. Ort des Geschehens war kein geringer als der

Himalaya, im heutigen Nepal. Erst als junger Mann hatte Siddharta Gautama Kontakt mit der realen Welt außerhalb des Palasts. Dadurch veränderte sich sein ganzes Leben, denn er begegnete einem Kranken, einem Alten und einem Toten. Durch diese Leiderfahrungen änderte sich sein Weltbild, da er feststellte, dass alles vergänglich ist. Er war auf der Suche nach dauerhaftem Glück, das er in der wahren Natur des Geistes sah. Um dieses Glück zu finden, entfernte er sich von seinem luxuriösen Leben und seiner Familie, um als Mönch in asketischer Weise die Erleuchtung zu finden. Nach sechs Jahren und zahlreichen Methoden, die Erlösung zu finden, etwa durch Fasten, ließ er sich unter einem Baum nieder und meditierte. Die Legende besagt, dass Siddhartha nach sechs Tagen und Nächten in Meditation die Erleuchtung erreichte. Der Baum, unter dem Buddha seine Erleuchtung hatte, ist zu einer Pilgerstätte für Buddhisten geworden. Die Stätte befindet sich in Nordindien, in dem Ort Bodhgaya.

Von nun an wurde er Buddha („der Erwachte") genannt, da er durch Meditation erleuchtet wurde und Antworten auf die Schlüsselfragen wusste.

Die vier Kernfragen sind, was das Leiden ist, woher es kommt, wie es überwunden werden kann und welche die Schritte sind, dies zu erreichen. Diese vier Aspekte werden auch die „Vier Edlen Wahrheiten" genannt. Vereinfacht lassen sich die Fragen wie folgt beantworten (eine ausführliche Aufschlüsselung würde den Rahmen sprengen): Das Leben ist voller Leiden. Ursprung des Leids ist Gier. Man muss Gier überwinden, um sich vom Leid befreien zu können. Der Weg dorthin führt über eine buddhistische Lebensweise. Die Regeln für ein buddhistisches Leben liefert der „Edle Achtfache Pfad der Erkenntnis".

Im Buddhismus spielt der Kreislauf eine essentielle Rolle. Alles befindet sich in einem Kreislauf, wodurch alles erhalten bleibt. Nach dem Tod wird der Geist in einem neuen Körper wiedergeboren. Daraus ergibt sich das Karma-Prinzip, das einen für gute Taten im nächsten Leben belohnt bzw. für schlechte Taten bestraft. Nur ein Erleuchteter, also ein Buddha, befreit sich von dem Kreislauf und wird somit nicht mehr wiedergeboren. Er ist erwacht und Teil des Nirwana, dort wartet nichts als Glück.

Die Erleuchtung ist grundsätzlich für jeden Menschen möglich, jeder kann also Buddha werden. Um Buddhist zu werden, muss man an die „Drei Juwelen" oder die „Drei Kostbarkeiten" glauben und sie dreimal hintereinander aufsagen. Die drei Juwelen sind die Zuflucht zu Buddha, zu dessen Lehren und zur Glaubensgemeinschaft der Buddhisten.

Damit ist die erste Gemeinsamkeit zur Stoa gefunden. In der Stoa haben alle Menschen durch den Logos Anteil an der Weltvernunft. Es liegt an einem selbst, ob man ein tugendhaftes Leben als Stoiker führt oder nicht.

Der Achtfache Pfad der Erkenntnis, der vergleichbar

mit den zehn Geboten im Christentum ist, sieht folgende Grundregeln vor: Weisheit, Gelassenheit, Ehrlichkeit, Naturverbundenheit, Pflichterfüllung, Achtsamkeit, Konzentration. Diese Eigenschaften könnten auch einen Stoiker beschreiben, dem die Gelassenheit das oberste Gut ist und der sowohl dem Leitspruch, im Einklang mit der Natur zu leben, als auch seinen Pflichtgedanken folgt. Eine konkrete Gottesvorstellung gibt es weder in der Stoa noch im Buddhismus.

Trotz der Überschneidungen gibt es zwischen Stoa und Buddhismus einige markante Unterschiede. Die Vernunft, die der Stoa als Mittel zum Zweck dient, erfährt im Buddhismus nicht diese Einschätzung. In der Stoa werden Menschen als zur Vernunft fähige Wesen angesehen. Anderes gilt für Tiere. Diese sind nicht zur Vernunft fähig und haben deshalb eine untergeordnete Stellung. Im Buddhismus hingegen soll auf alle Lebewesen geachtet werden, sowohl auf Menschen als auch auf Tiere. Für Stoiker ist das Engagement in der Öffentlichkeit ein Teil der Pflichterfüllung. Sie lehnen es ab, im Verborgenen zu leben. Im Buddhismus ist die Zurückgezogenheit für Mönche in der Ausbildung inbegriffen.

HEDONISMUS UND STOIZISMUS

Eine weitere philosophische Lehre, die ihren Ursprung in der Antike hat, ist der Hedonismus. „Hedone“ kommt aus dem Griechischen und bedeutet Lust oder Vergnügen. Lust als Lebensziel und höchstes Gut stellt den Leitfaden des Hedonismus dar. Ziel ist es, ein glückliches Leben zu führen. Das haben die drei antiken Philosophien Stoa, Epikureismus und Hedonismus gemeinsam. Im Hedonismus ergibt sich ein glückliches Leben aus vielen glücklichen Momenten. Das Konzept setzt beim Kleinen an, den einzelnen Momenten, und richtet sich nach oben aus. Bei Stoa und Epikureismus setzt man das Große oben an und arbeitet sich dann langsam nach unten, zu dem Verhalten eines individuellen Menschen. Anlass für das Streben nach einem glücklichen Leben im Hedonismus ist die Vergänglichkeit und Begrenztheit des eigenen Lebens. Für Hedonisten steht das Leben auf der Erde im Vordergrund. Ein Leben nach dem Tod oder die Unsterblichkeit der Seele werden im Hedonismus angezweifelt. Vielmehr geht es darum, das Leben so gut und angenehm wie möglich zu verbringen. Dabei geht es auch darum, seine Möglichkeiten voll auszuschöpfen und die Gelegenheiten zu nutzen, etwas Sinnvolles zu tun. Das Leben zu verschwenden, wird im Hedonismus nicht als zielführend angesehen. Man kann sich es auch so vorstellen, dass man am Ende seiner Lebenstage zufrieden auf sein Leben zurückschaut und nichts bereut.

Das Verständnis von Hedonismus in der Gegenwart und in der Antike unterscheidet sich stark. In der heutigen Zeit wird Hedonismus oft mit Überfluss, Reichtum und auch Egoismus gleichgesetzt. Ein dekadenter Lebensstil, der von Außenstehenden als abwertend betrachtet wird.

Aristippos von Kyrene, der als Gründer des Hedonismus angesehen wird und ca. 435 v. Chr. geboren wurde, setzt Glück mit Lustmaximierung gleich. Je mehr Lust, desto glücklicher. Lust wird dabei als Genuss und sinnliche Erfahrungen verstanden. Körperliche Lust ist dabei mit inbegriffen, es wird nicht in unterschiedliche Lüste unterschieden. Über das Leben von Aristippos ist nicht viel überliefert, genauso wenig wie seine Schriften. Aristippos vergleicht die Seelenzustände mit dem Meer, wodurch er zu folgenden Vergleichen kommt: ein Sturm auf See entspricht dem Schmerzzustand der Seele; das Gegenteil, eine ruhige See, entspricht dem Zustand der Seelenruhe; und der Zustand dazwischen sind auf dem Meer leichte Wellen und in der Seele die Lust. Die Lust ist demnach der Übergang zwischen Schmerz und Seelenruhe. Lust kam bereits beim Epikureismus vor, allerdings liegt der Unterschied darin, dass Epikur unter Lust nicht das momentane Lustempfinden versteht, sondern langfristig die Abwesenheit von Schmerzen.

Der Hedonismus steht damit konträr der Stoa gegenüber.

Ein Grund, weshalb der Hedonismus sich nicht ausbreitete, ist die Ablehnung der Philosophie durch das Christentum. Die aufstrebende Religion betrachtete die Lustmaximierung als schädlich. Stattdessen fanden die Lehren der Stoa gefallen, die letztendlich davon profitierte.

Wenn wir das meiste, was in unserem Reden und Tun unnötig ist, wegließen, so würden wir mehr Muße und weniger Unruhe haben. Frage dich also bei jeglicher Sache: Gehört diese etwa zu den unnötigen Dingen?

(Marc Aurel)

STOIZISMUS IM ALLTAG

Ob im antiken Griechenland oder im alten Rom, Philosophen beschäftigen sich seit Jahrtausenden mit der Frage nach der richtigen Lebensweise. Der Stoizismus dient ihnen als Leitlinie für ein glückliches Leben. Der Geist der Stoa hat es bis in die Gegenwart geschafft und inspiriert immer noch Menschen. Mittlerweile hat sich der Kontext stark verändert und Digitalisierung und Globalisierung haben unweigerlich zu einer anderen Welt beigetragen, die von einem Leben in der Antike weit entfernt ist. Ist es trotzdem möglich, die Fähigkeiten eines Stoikers zu übernehmen, der vor zweitausend Jahren gelebt hat? Und wie lassen sich diese Eigenschaften in den heutigen Alltag integrieren? Im Folgenden kommen wir zum praktischen Teil des Buches, der einen möglichen Weg aufzeigt, die stoische Philosophie anzuwenden. Nachdem der Kontext ein komplett anderer ist, müssen einige Aspekte auf die heutige Zeit angepasst werden. Aber das ist in der Stoa zum Glück möglich, da sie bereits in ihren ersten Jahrhunderten nach der Gründung deutliche Veränderungen verkraftete.

Aller Anfang ist schwer, das gilt auch für die Umsetzung stoischer Fähigkeiten. Philosophen widmeten sich teilweise ihr Leben lang den Idealen. Die Aussicht auf ein glückliches Leben hilft bei der kontinuierlichen Arbeit an sich selbst.

FÄHIGKEITEN EINES STOIKERS UND WIE DIESE ÜBERNOMMEN WERDEN KÖNNEN

Um eine ausgewählte Fähigkeit zu übernehmen, empfiehlt es sich, sich langsam, aber sicher an diese zu gewöhnen. Dabei zählt auch, dass man nicht nach dem ersten Rückschlag frustriert aufgibt und in Selbstzweifel zurückfällt.

Ein Stoiker konzentriert sich auf das, was in sein Handlungs- und Beeinflussungsfeld fällt. Das meint vor allem das eigene Denken und Handeln. Es wird von einem selbst gesteuert und lässt sich demnach beeinflussen. Dieser Handlungsvorsatz impliziert auch, dass Dinge, die nicht von einem selbst ausgehen, wie der Besitz, Stellung etc., außerhalb der eigenen Kontrolle liegen. Um diese Dinge soll man sich keine Gedanken machen, denn das wäre Verschwendung, da sie nur von den wahren Dingen ablenken.

Wenn man sich also auf sein Denken und Handeln konzentriert, dann kann man damit anfangen, sich zu hinterfragen, wenn man sich beispielsweise über eine Sache aufregt, ob das gerade wirklich von einem selbst ausgeht oder nicht. Wenn man zu dem Schluss kommt, dass es sich hierbei um eine Sache handelt, die nicht durch einen selbst veränderbar ist, dann tritt man einen Schritt zurück und nimmt es als Tatsache hin. Dadurch gewinnt man seine Gelassenheit zurück und beruhigt seine Seele.

Damit im Zusammenhang steht auch die Annahme, dass es eigentlich nicht die Sache selbst ist, die einen beunruhigt, sondern die Meinungen, die wir damit assoziieren. Der Tod zum Beispiel ist oft mit etwas Schlechtem konnotiert. Wenn man diese Meinung jedoch entfernt, bleibt letztendlich das Ende des Lebens übrig, von dem wir wissen, dass es uns alle früher oder später ereilt. Dadurch braucht man auch keine Angst mehr vor dem Tod oder Sterben zu haben. Es wird als Tatsache akzeptiert und kann einen nicht mehr beunruhigen. Der Schlüssel dabei ist, Gegebenheiten von Meinungen zu trennen. Um diese Fähigkeit zu erlernen, ist es hilfreich, sich und sein Denken zu reflektieren. Warum beunruhigt mich dieses oder jenes? Woher kommt diese Unruhe? Warum denke ich, dass etwas schlecht ist?

Ein weiteres Charakteristikum eines Stoikers ist die emotionale Kontrolle. Emotionen gehen von einem selbst aus, sie lassen sich also verändern. Man ist für seine

Emotionen verantwortlich. Man bestimmt selbst, was man in welchem Ausmaß fühlt. Die Emotionen haben nicht die Kontrolle über das Handeln, sondern man selbst hat die Kontrolle. Möglichkeiten, seine Emotionen zu regulieren, sind beispielsweise sich abzulenken oder zu beruhigen. Außerdem kann es hilfreich sein, genau zu beschreiben, was man gerade fühlt. Dadurch lernt man, die Emotionen besser einzuschätzen, und kann dementsprechend reagieren. Emotionskontrolle ist nicht gleichzusetzen mit dem Unterdrücken von Emotionen. Man sollte sich vielmehr fragen: Warum bin ich gerade so wütend? Was hat mich dazu geführt? Zu der Fähigkeit gehört auch, in schwierigen emotionalen Situationen klar zu denken und rational zu bleiben. Darin liegt eine besondere Herausforderung, in Extremsituationen nüchtern zu denken. Der Wille dazu muss den Menschen so einnehmen, dass er wirklich in jeder Situation rational bleiben kann. Ziel der emotionalen Kontrolle ist es, der Apatheia, also der Unerschütterlichkeit gegenüber Gefühlen, näher zu kommen.

Die vielleicht schwierigste Fähigkeit eines Stoikers ist, sein Schicksal als unabänderlich und einer göttlichen Ordnung unterworfen zu akzeptieren. Das scheint vor allem in einer Gesellschaft, die auf Arbeit, Leistung und Erfolg pocht, sehr schwierig. Die Gratwanderung zwischen stoischer Pflichterfüllung und Mäßigkeit wird deutlich. Seneca dient hier als Beispiel, denn er stieg unter Kaiser Nero zu einem reichen einflussreichen Politiker auf und wurde von demselben zum Selbstmord gezwungen.

Als Stoiker würde er zwar sein Ansehen und Reichtum akzeptieren, aber es wäre ihm gleichgültig. Vielleicht muss diese Leitlinie etwas abgeschwächt werden, indem man Schicksalsschläge eben als diese akzeptiert und gleichzeitig aber auch die Ergebnisse seiner Arbeit wertschätzen kann.

Andererseits kann das Vertrauen in ein Schicksal viel Druck von einem nehmen und zu mehr Gelassenheit führen, wenn man dem Schicksal vertraut. Gleichzeitig ist es dabei behilflich, sich auf die Gegenwart zu konzentrieren und mehr im Hier und Jetzt zu leben, als ständig an die Zukunft zu denken und sich darum zu sorgen, was einmal sein wird. Man kann es auch so sehen, wenn man sich beklagt, weil man etwas machen muss, aber es letztendlich doch macht, dann hätte man es genauso gut auch schon früher erledigen können, ohne sich darüber zu beklagen. Das hätte den Mitmenschen nicht nur Gejammer, sondern einem selbst auch Unruhe erspart.

Schon fast revolutionär war die Auffassung der Stoa in der Antike, dass die Menschen von Natur aus gleich sind. Da in jedem der göttliche Funke wohnt, haben alle Anteil an der Weltvernunft. Alle Menschen sind miteinander verbunden und miteinander verwandt. Jeder Mensch kann die stoischen Lehren leben, wenn er seinen Verstand und seine Vernunft einsetzt. Ein Stoiker sieht sich als Weltbürger. Hierbei wird ein kosmopolitisches Selbstverständnis deutlich. Damals wurde durch die Sklaverei in freie und unfreie Menschen unterschieden. In der Stoa gab es diese Unterschiede nicht. Heute ist

Sklaverei offiziell verboten, dennoch werden die Menschen anhand anderer Kriterien unterschieden. Vermögen, Herkunft, Geschlecht, Bildung etc. entscheiden oft darüber, wie ein Mensch angesehen wird und welche Möglichkeiten ihm offenstehen. Um das Gebot der Gleichheit umzusetzen, kann man damit anfangen, Menschen nicht nach ihrem äußeren Erscheinungsbild zu beurteilen. Denn wie bereits vorher erwähnt, beeinflusst unsere Meinung über etwas oder jemanden auch unser Handeln. Allen Menschen vorurteilsfrei zu begegnen, ist eine Fähigkeit, die harte Arbeit erfordert. Sie können sich anhand Ihres Verhaltens beobachten, beispielsweise, wenn Sie sich im Bus neben eine Person setzen. Warum haben Sie sich neben genau diese Person gesetzt? Gab es Kriterien, die Sie dazu veranlassten zu denken, dass er oder sie ein besserer Sitznachbar sei?

Ein Stoiker sieht bestimmte Werte als neutral an. Dazu gehören Besitz und Reichtümer. Es ist zwar in Ordnung, wenn man ein Haus hat, andererseits dürfte es einen nicht stören, wenn man keines hätte. In der jüngeren Stoa wurde die Strenge der Grundsätze etwas gelockert, sodass Besitztümer in Maßen vertretbar waren, solange sie der Befriedigung der Grundbedürfnisse nachkamen. Die Fähigkeit kann auf die heutige Zeit so umgedeutet werden, dass man nicht nach immer mehr strebt, sondern sich mit dem zufrieden gibt, was man hat. Dadurch bleibt man dem

Grundgedanken treu, dass man nicht viel zum Leben braucht und ohne viele Besitztümer glücklich werden kann.

ALLTAGSSITUATIONEN – UMSETZUNG UND ANWENDUNG DER PRINZIPIEN

Kommen wir nun zu konkreten Alltagssituationen, an denen exemplarisch die beschriebenen Fähigkeiten verdeutlicht werden sollen.

Zug verpasst

Fangen wir mit alltäglichen Situationen an, an denen Sie Ihr Verhalten hinterfragen können. Sie wollen einen Freund besuchen und verpassen ganz knapp die Straßenbahn auf dem Weg dorthin. Versuchen Sie das reflexartige Fluchen oder Augenrollen zu vermeiden und stattdessen nachzuschauen, wann die nächste Bahn fährt. Ein paar Minuten früher oder später machen keinen großen Unterschied und man könnte dem Freund immer noch Bescheid sagen, dass man sich etwas verspätet. Ein Stoiker würde das Warten und die Verzögerung einfach hinnehmen, ohne sich aufzuregen. Denn wer sagt, dass Verspätung etwas Schlechtes ist?

Verändern wir die Situation ein wenig. Sie müssen zu einem wichtigen Termin, beispielsweise ein Bewerbungsgespräch, ein Arzttermin etc. Ihr Wohnort befindet sich außerhalb der Stadt und der Zug fährt nur einmal in der Stunde. Sie verpassen den Zug und werden zu spät zu dem Termin kommen. Versuchen Sie, sich in die Situation hineinzuversetzen und nachzuvollziehen, wie Sie reagieren würden. Mit diesem Gedankenexperiment können Sie trainieren, wie Sie reagieren würden und im Voraus bereits feststellen, an welchem Punkt die Emotionen Ihnen einen Strich durch die Rechnung machen würden. Das Ziel eines Stoikers ist die Gelassenheit. Versuchen Sie, Ihr Handeln daran auszurichten. Sie können an der Situation nichts mehr ändern, denn Sie können den Zug nicht zurückholen. Das ist die erste logische Schlussfolgerung, die einem die Vernunft liefert. Lassen Sie sich von der Vernunft leiten und kommen Sie zu weiteren logischen Schlüssen. Der Zug ist nicht mehr da, also warte ich auf den nächsten. Wenn die Vernunft einmal eingesetzt hat, folgen die nächsten Einsichten, die einem zum Handeln übergehen lassen. Sie können die Zeit, die Sie nun extra haben, effektiv nutzen, um vor dem Termin noch einmal zur Ruhe zu kommen.

Zusammenstoß im Café

Ein weiteres Beispiel. Sie stoßen in einem Café mit einem Gast zusammen, wodurch sich Ihre Tasse Kaffee über die Kleidung des anderen Gastes ergießt. Dieser wird wütend und beleidigt Sie. Da Sie nur Ihr eigenes Verhalten beeinflussen können und Ihnen die Mitmenschen wichtig sind, können Sie zuerst nachfragen, ob er sich denn verletzt habe. Immerhin war der Kaffee noch heiß. Die ruhige Ernsthaftigkeit und gleichzeitige Anteilnahme signalisieren dem Betroffenen, dass Sie sich für ihn interessieren. Hektische Entschuldigungen würden nur weitere Unruhe in die Situation bringen und sowohl Sie als auch die andere Person beunruhigen. Die Beleidigungen lassen Sie nicht an sich heran. Einerseits können Sie die andere Person verstehen, da die Kleidung jetzt dreckig ist und es vermutlich unangenehm ist, ein nasses Shirt anzuhaben. Andererseits können Sie den Wutausbruch anderer Menschen nicht kontrollieren. Das, was Sie kontrollieren können, ist die eigene Reaktion darauf und die ist ruhig und vernünftig.

Präsentation

Für die nächste Situation müssen Sie etwas in Ihrem Gedächtnis kramen. Vielleicht erinnern Sie sich an eine Situation aus der Schule oder aus Universitätszeiten, in der Sie ein Referat halten mussten. Sie hatten sich darauf gut vorbereitet, Notizen geschrieben und eine Präsentation erstellt. Am Ende der Präsentation erhalten Sie viel Kritik von dem Lehrer oder Professor. Erinnern Sie sich noch, wie sich dabei gefühlt haben? Sie empfanden das Urteil als ungerecht, da sich so viel Mühe gegeben hatten. Nun, zu den Fähigkeiten eines Stoikers gehört es, Erfolg oder Ruhm als nichtig zu betrachten. Ein Stoiker kann solche äußeren Umstände nicht kontrollieren und wird sich deswegen nicht aus der Ruhe bringen lassen. Außerdem ordnen Sie das Urteil des Professors als schlecht ein. Sie geben den Dingen eine Wertung. Versuchen Sie, das Urteil und die negative Meinung darüber wegzulassen. Dadurch können Sie die Kommentare des Lehrers rationaler betrachten. Die Emotionen verschleiern die rationale Sicht auf die Dinge. Sie müssen sich auch nicht persönlich angegriffen fühlen, weil jemandem die Präsentation nicht gefallen hat. Vielmehr können Sie mit dem Feedback konstruktiv umgehen und versuchen, die Bemerkungen für die nächste Präsentation zu berücksichtigen.

Stress im Alltag

Stress ist heutzutage allgegenwärtig. Er reicht sogar so weit, dass dadurch Krankheiten und im schlimmsten Fall sogar Todesfälle verursacht werden. Jeder kennt das Gefühl, gestresst zu sein, angespannt zu sein, unter Strom zu stehen oder wie auch immer man es nennen mag. In dieser Hinsicht scheint die Gelassenheit eines Stoikers wirklich vonnöten zu sein, um die eigene Gesundheit zu schützen. Die Frage, die sich hierbei stellt, ist: Woher kommt dieser ganze Stress? Fakt ist, man macht sich den Stress selbst. Wenn es von einem selbst ausgeht, heißt das wiederum, dass man es beeinflussen kann. Vernunftgesteuertes Handeln ist ein Grundsatz der Stoa. Gestresstes Handeln scheint im Gegensatz dazu zu stehen. Versetzen wir uns in eine stressige Alltagssituation. Sie kommen abends von der Arbeit und fühlen sich bereits ausgelaugt. Nun wollten Sie noch einkaufen gehen, einen Brief auf die Post bringen, kochen und die Hausaufgaben der Kinder kontrollieren. Es erscheint vor dem inneren Auge eine lange Liste, die man abarbeiten muss, bevor man sich richtig entspannen kann. Der erste Schritt ist, zu erkennen, dass man gerade Stress hat und dass man sich vor allem selbst in den Stressmodus versetzt. Als nächstes gilt es herauszufinden, wo die Quelle des Stresses sitzt. Sind es die verschiedenen Aufgaben, die man am liebsten alle auf einmal erledigen möchte oder die Angst davor, dass man nicht alles schafft? Hier setzt die erste stoische Fähigkeit ein, nämlich keine Angst zu haben. Wenn man vor dem Tod keine Angst hat, dann auch nicht vor einem vollen Terminkalender. Es geht darum, seine Pflichten zu erfüllen, in der Arbeit, zuhause und im Privatleben. Durch die Pflichterfüllung darf jedoch nicht die innere Ruhe in Mitleidenschaft gezogen werden. Um Stress zu bewältigen, hilft nur ein klarer Kopf und Gelassenheit. Stress im Alltag darf nicht so weit gehen, dass man seine innere Ruhe verliert. Wenn es zu viel wird, muss man sich stoppen und sich wieder beruhigen. Selbst wenn man nicht mehr einkaufen geht, wird man mit den Resten im Kühlschrank überleben. Ein Stoiker lebt nicht im Überfluss, sondern kommt mit dem zurecht, was er hat. Das heißt, dass es an dem einen Abend keine frischen Brötchen zum Abendbrot geben wird, sondern den alten Brotrest von den Vortagen.

Krankheitsvertretung

Die Tücken im Alltag sind die unerwarteten Schicksalsschläge, auf die man nicht vorbereitet ist. Das wird am besten an einem Beispiel deutlich: Sie haben einen Vollzeitjob und kommen gewissenhaft Ihrer Arbeit nach. Der Sommer rückt näher und Sie haben für dieses Jahr schon seit Langem Ihren Urlaub eingetragen. Kurz vor dem Urlaubsstart wird ein Kollege unerwartet krank, sodass Sie ihn vertreten müssen, solange er noch krank ist. Dadurch verschiebt sich der Urlaub nach hinten und kann nicht wie geplant stattfinden. Mögliche Perspektiven hierbei sind: Sie ärgern sich über die kurzfristige Änderung und sind sauer auf Ihren kranken Kollegen. Sie bemerken, dass Sie sich aufregen und erkennen Trauer und Wut als Emotionen. Wut auf einen kranken Menschen? Sie müssen schon fast über sich selbst lächeln, dass Sie wütend auf den Kollegen sind, der krank im Bett liegt. Sie beginnen etwas klarer zu denken und bemerken, dass es schade ist, dass der

Urlaub nicht so stattfinden kann wie geplant. Aber was genau heißt Urlaub und warum kann man nicht einfach den Urlaub verschieben? Sie kommen zu dem Schluss, dass Sie keinen Einfluss darauf haben, wie schnell der Kollege wieder gesund wird. Das heißt, sobald der Kollege wieder gesund ist, werden Sie in den Urlaub gehen. Denn das ist die einzige logische Lösung der Situation.

Raser auf der Landstraße

Sie sind auf der Landstraße mit einem Auto unterwegs. Vor Ihnen fährt ein anderes Auto, das deutlich langsamer als erlaubt fährt. Anstatt der 100 km/h fährt es nur 65 km/h. Es herrscht Überholverbot und Sie wollen ein Überholmanöver nicht riskieren. Sie fahren also hinter dem Auto und merken, wie es vor jeder Kurve und jedem Kreisverkehr noch mehr auf die Bremse tritt. Im Rückspiegel können Sie erkennen, dass ein Auto schnell auf Sie zufährt. Da Sie nicht ausweichen können, fahren Sie einfach in der langsamen Geschwindigkeit weiter. Nun setzt der Raser hinter Ihnen auch noch Lichthupe und Blinker ein. Erst kurz vor einem Zusammenprall lenkt das Auto auf die andere Straßenseite und überholt Sie und das langsame Auto vor Ihnen. Sie merken, dass Ihre Hände feucht geworden sind und am Lenkrad kleben. Sie waren nervös und hatten vermutlich Angst, dass es zu einem Unfall kommt. Jetzt geht es darum, wieder die Kontrolle über die Emotionen zu bekommen. Versuchen Sie, klar zu denken. Die Gefahr ist vorbei, es ist alles gut gegangen. Forschen Sie jetzt genau nach, welche Emotionen Sie gefühlt haben. War es Angst? Angst vor dem Tod oder vor einer schlimmen Verletzung? Würden Sie einen langsamen Tod stoisch ertragen und als Schicksal hinnehmen? Vertrauen Sie dem Schicksal? Wenn man sich diese Fragen kurz nach der Situation stellt, sind die Emotionen noch sehr präsent. Die Antworten kann man mit denen vergleichen, die man zwei Stunden später auf die Fragen geben würde, wenn man sich wieder beruhigt und einen klareren Kopf hat. Die Unterschiede machen deutlich, wie auf der einen Seite die Emotionen einen reagieren lassen und auf der anderen Seite die Vernunft einen denken lässt. Diese Einsicht kann dabei helfen, seine Emotionen in späteren Situationen besser zu kontrollieren, da man gleich zu dem vernunftgeleiteten Denken übergehen kann, ohne sich von seinen Emotionen verleiten zu lassen.

Flaschensammler im Park

Gemäß der Stoa sind alle Menschen gleich und alle über den Logos verbunden. Sie sind in einem Park spazieren und bemerken, wie am nahegelegenen Mülleimer eine Person nach Flaschen sucht. Außerdem nähern sich zwei weitere Person dem Flaschensammler und beginnen, sich über ihn lustig zu machen. Die Situation spitzt sich weiter zu und der Flaschensammler wird von den anderen beiden bedrängt. Der Gerechtigkeitssinn eines Stoikers veranlasst

Sie dazu, sich der Situation zu nähern und einzuschreiten. Die Herausforderung hierbei ist, selbst ruhig zu bleiben und nicht dazu beizutragen, dass der Konflikt eskaliert. Eine Möglichkeit wäre, sich der Situation zu nähern und die beiden Unruhestifter ruhig zu fragen, was sie dort machen und warum sie so handeln würden. Es ist denkbar, dass sich der Unmut nun gegen Sie richtet, da Sie in die Situation eingedrungen sind. Nun ist es wichtig, dass Sie Ihre Emotionen unter Kontrolle haben und sich nicht auf einen Streit einlassen. Sie können die Krawallstifter bitten, den Mann in Ruhe zu lassen und keinen Streit anzufangen. Eine ernsthafte Handgreiflichkeit ist unwahrscheinlich, denn Sie befinden sich in einem öffentlichen Park, wo vermutlich andere Besuchende schnell darauf aufmerksam gemacht würden. Das Ziel ist es, alle Beteiligten zu beruhigen und einem Konflikt vorzubeugen. Wenn Sie selbst ruhig bleiben, strahlen Sie diese Ruhe auch aus, was sich positiv auswirken kann. Im schlimmsten Fall würden Sie vielleicht leichte körperliche Verletzungen davontragen. Schmerzen sind für einen Stoiker zwar unangenehm, aber man weiß auch, dass sie wieder schnell vorbeigehen werden, sodass man sie ganz einfach erträgt. Wenn Sie keine Angst davor haben, trägt das zusätzlich zur Entspannung bei und Sie können gelassener an die Situation herangehen. Das wichtigste ist, dass Sie sich tapfer einer Ungerechtigkeit in den Weg gestellt und sich für Mitmenschen engagiert haben. Man kann die Situation auf verschiedene Eigenschaften hin abwandeln. Es kommt leider immer noch vor, dass Menschen wegen ihrer

Herkunft oder ihrer Hautfarbe schlechter behandelt werden. Es ist die Aufgabe eines Stoikers, keine Unterschiede zwischen Menschen zu machen und sich auch für Gerechtigkeit einzusetzen, wenn man unfaire Behandlungen gegenüber seinen Mitmenschen beobachtet.

Hausbrand

Kommen wir als letztes Beispiel zu einer härteren Situation. Sie haben sich ein Häuschen mit Garten gekauft. Während der Renovierungsarbeiten kommt es zu einem Kurzschluss und ein Feuer bricht aus. Bis die Feuerwehr eintrifft, ist ein großer Teil des Hauses bereits niedergebrannt. Das Löschwasser vollendet die Tragödie und lässt das Haus zu einer Ruine verkommen. Sie haben dadurch nicht nur das Haus verloren, sondern auch einen großen Teil Ihres Hab und Guts, das bereits in dem Haus war. Diese Situation kommt zwar nicht alltäglich vor, abwegig ist sie jedoch auch nicht.

Dem idealen Stoiker würde der Verlust von Eigentum nicht oder nur in geringem Maße stören, da Reichtum als neutral betrachtet wird. Er trägt nicht maßgeblich zu einem glücklichen Leben bei, sondern zu mehr Bequemlichkeit. Geld und Reichtum wird meistens ein hoher Wert zugeschrieben, aber dieser Wert stammt von den Menschen selbst. Wenn es durch den Menschen gemacht wird, kann es auch durch den Menschen rückgängig gemacht werden. Man kann diesem oder jenem einfach keinen Wert mehr zuschreiben, wodurch sie an Reiz verlieren. Der Wunsch, ein Haus zu besitzen, ist in einem selbst entstanden. Wenn man nach etwas verlangt, übernehmen die Emotionen die Kontrolle und man hört die Vernunft nicht mehr, die einem zuflüstert, dass man das nicht braucht, um glücklich zu werden. Der Wunsch, Eigentum zu besitzen, sitzt in einem selbst fest. In dem konkreten Beispiel würde ein Stoiker den Brand als Schicksal akzeptieren und das Haus wieder aufbauen. Es bringt nichts, den Verlust zu beklagen. Der Brand kann nicht rückgängig gemacht werden. Es bringt auch nichts, in Selbstmitleid zu verfallen, dadurch wird das Haus nicht schneller aufgebaut. Was in der Situation nützt, ist, die Bauarbeiten aufzunehmen und nach vorne zu blicken.

Diese Alltagssituationen sind Beispiele, an denen die Fähigkeiten eines Stoikers exemplarisch dargestellt wurden. Vielleicht sind Ihnen beim Lesen weitere Situationen eingefallen, die speziell auf Ihren Lebensalltag passen? Sie können die Situationen aufschlüsseln und darauf ausrichten, wie ein Stoiker sich verhalten würde. Dadurch haben Sie gleich einen Handlungsansatz für die Zukunft. Bei aller Mühe und Arbeit an sich selbst sollte beachtet werden, dass der stoische Weise, der alle Prinzipien und Tugenden umsetzt, immer noch ein Ideal ist. Das heißt, dass dieser perfekte Zustand nicht zu erreichen ist. Es gilt, sich zu bemühen und sein Bestes zu geben, um diesem so nahe wie möglich zu kommen.

Stoizismus soll nicht als Strafe oder schwere Bürde wahrgenommen werden, sondern als Philosophie – die Liebe zur Weisheit.

Es gibt für den Menschen keine geräuschlosere und ungestörtere Zufluchtsstätte als seine eigene Seele. Halte recht oft solche stille Einkehr und erneuere so dich selbst.

(Marc Aurel)

ÜBUNGEN

Als Einstieg in den Übungsplan wurden einige allgemeine Übungen ausgewählt. Danach folgt ein 30-tägiger Plan, an dem Sie jeden Tag eine Übung machen können.

Schicksalsschläge treffen einen meistens unvorbereitet, was den Umgang damit umso schwieriger macht. Eine Übung, um die Angst vor neuen Lebenssituationen zu nehmen, ist der regelmäßige Verzicht auf Dinge. Dadurch lernt man Lebensumstände kennen, die für einen ungewohnt und vielleicht unangenehm sind. Dennoch wird man die neuen Situationen meistern, was einem einen sicheren Umgang mit plötzlichen Veränderungen antrainiert. Der Verzicht kann sich in Form von Fasten, also der Verzicht auf Nahrung zeigen, aber auch Verzicht auf elektronische Geräte, Autos etc.

Eine andere Methode, die einem dabei helfen kann, stoisch zu handeln, ist der Perspektivenwechsel. Dabei betrachtet ein Stoiker eine Situation aus verschiedenen Perspektiven, um die Auswirkungen seines Handelns besser einzuschätzen. Man lernt durch den Perspektivenwechsel andere Betrachtungsmöglichkeiten einer Situation kennen und kann dadurch die bestmögliche Handlungsweise, also die vernünftigste, auswählen.

Eine allgemeine Übung, die nützlich sein kann, um sein eigenes Handeln aus einer distanzierten Perspektive zu betrachten, ist Tagebuch zu schreiben. Bereits die Stoiker in der Antike schrieben ihre Notizen und Gedanken nieder. Manche wurden zu wichtigen historischen Quellen für die Nachwelt. Durch regelmäßige Einträge können Veränderungen im Verhalten dokumentiert werden und vor allem besteht die Möglichkeit, über längere Zeit zu verstehen, wie sich das eigene Verhalten geändert hat. Dabei kann es verschiedene Leitlinien für das Tagebuch geben. Eine Möglichkeit wäre, die Situationen zu beschreiben, in denen man sich von seiner Vernunft und nicht von Emotionen leiten ließ, oder andersherum. Oder man lässt bestimmte Situationen Revue passieren und findet dadurch alternative Handlungsmöglichkeiten, die einem in der damaligen Situation nicht eingefallen sind.

Nach dem groben Einstieg geht es nun weiter mit dem 30-tägigen Übungsplan. Der Beginn einer neuen Übung und eines neuen Tages ist deutlich gemacht, sodass Sie sich schnell zurechtfinden können. Versuchen Sie, nicht gleich am Anfang alle Übungen durchzulesen. Das führt nur dazu, dass Sie sich überwältigt fühlen und die dreißig Tage wie eine Hürde erscheinen. Lassen Sie jeden Tag auf sich zukommen und vertrauen Sie auf sich selbst und dem Schicksal.

Die Natur hat uns nur einen Mund, aber zwei Ohren gegeben, was darauf hindeutet, dass wir weniger sprechen und mehr zuhören sollen.

(Zenon von Kition)

1. Tag: Gute Nacht!

Ausreichend Schlaf ist für körperliche und geistige Gesundheit essentiell. Schlaf ist ein erwiesenes Mittel, um Stress zu beseitigen. Im Schlaf erholt sich der Körper und der Geist. Gehen Sie deshalb am ersten Tag des Übungsplans früh ins Bett, damit Sie mit klarem Verstand die nächsten Tage aufnehmen. Vor dem Einschlafen können Sie Ihre Gedanken aufschreiben, wie Sie den kommenden dreißig Tagen entgegenblicken.

2. Tag: Ballast abwerfen

Am Anfang des Übungsplans geht es um liegengebliebene Dinge. Sachen, die Sie eigentlich schon längst erledigen wollten und bei denen dann doch immer wieder etwas dazwischenkam. Heute geht es darum, diese Dinge aufzuarbeiten. Dadurch befreien Sie sich von Ballast, den Sie nicht gebrauchen können, wenn Sie zu mehr Gelassenheit finden wollen. Haben Sie zum Beispiel schon alle entliehenen Bücher, die eine überfällige Leihfrist haben, zurück zur Bücherei gebracht? Oder gibt es etwas, das Sie schon seit längerer Zeit beschäftigt, was Sie erledigen oder besorgen wollten? Ihr Kopf wird freier, wenn er nicht ständig Dinge im Hinterkopf behalten muss. Das hilft Ihnen dabei, sich auf die wesentlichen Dinge zu konzentrieren und nicht abgelenkt zu werden.

3. Tag: Kleine Übung, große Wirkung

Unterschiedliche Situationen können einen verschieden stark aus der Fassung bringen. Manchmal sind es nur Kleinigkeiten, über die man schnell wieder hinweg ist und die einen nicht aus der Ruhe bringen lassen. Herausfordernder wird es bei Situationen, die Ihnen ganz besonders nahe gehen. Das kann auch mit Personen zusammenhängen, die Ihnen nahestehen. Die einzige Möglichkeit, auch bei schweren Konflikten einen kühlen Kopf zu bewahren, ist Übung. Diese Übung erhalten Sie durch kleinere Situationen, die Ihre Gelassenheit herausfordern. Je gelassener Sie bei kleinen Dingen bleiben, desto schneller werden Sie bei schwierigeren Situationen Fortschritte spüren. Die Strategie ist sehr langwierig, weshalb es anfangs frustrierend sein kann. Aber mit der Zeit werden Sie merken, wie Sie auch bei größeren Themen ruhiger bleiben können. Wenn Sie es heute schaffen, in einer Situation ruhig zu bleiben, dann denken Sie daran, dass das ein weiterer Schritt ist, um auch bei schwerwiegenderen Dingen ruhig zu bleiben.

4. Tag: Perspektivwechsel I

Zu einem Konflikt gehören immer zwei (oder mehr) Menschen. Die eine Seite ist von ihrer Meinung überzeugt und genauso verhält sich die andere. Eine Übung, um Konflikte besser zu verstehen, ist, die Perspektive zu wechseln, und versuchen, nachzuvollziehen, was die Beweggründe sind, die mein Gegenüber dazu veranlassen, sich so zu verhalten, wie es sich verhält. Dabei sollte man sich von seiner Vernunft leiten lassen. Die andere Perspektive nachzuvollziehen, heißt nicht, dass man sie unbedingt übernehmen muss. Vielmehr ist die Vernunft der Maßstab, den man ansetzt. Wenn Sie heute in eine Diskussion kommen, dann hören Sie der anderen Person aufmerksam zu. Gleichzeitig bleiben Sie rational und lassen sich nicht von emotionalen Argumenten des Gegenübers einwickeln.

5. Tag: Perspektivwechsel II

Der bereits angesprochene Perspektivwechsel lässt sich nicht nur bei Konflikten zwischen Menschen anwenden, sondern bei Situationen allgemein. Sie haben keinen Parkplatz vor dem Haus gefunden, sondern mussten einen Kilometer weiter entfernt parken. Anstatt sich darüber zu ärgern, dass bereits alle Parkplätze besetzt waren, könnte man sich darüber freuen, dass man die Gelegenheit bekommen hat, einen Spaziergang zu machen. In der geschenkten Zeit kann man die Frischluft genießen, einen Freund anrufen, seinen Gedanken nachgehen etc. Es geht darum, die Situation aus einer anderen Perspektive zu sehen und vor allem die positive Seite der Dinge zu betonen. Der Fokus auf das Positive bringt mehr Ruhe und

Gelassenheit. Negative Gedanken bringen negative Energie, die die innere Ruhe stört. Es gibt immer mehr Wahrnehmungen einer Situation als nur die, die einem als erstes einfällt.

6. Tag: Verzicht I

Beginnen Sie eine dreitägige Verzichtsphase. Sie können dabei entschieden, auf was Sie verzichten möchten. Es können zum Beispiel Süßigkeiten, Alkohol, Kaffee, das Smartphone, Facebook, die tägliche Dusche oder das Shampoo sein. Heute ist bereits der erste Tag des Verzichts. Legen Sie sich auf eine Sache fest, die Sie für die nächsten Tage nicht benutzen möchten. Es empfiehlt sich, sich für eine Sache zu entscheiden, die man drei Tage nicht verwendet. Wenn man jeden Tag auf eine andere Sache verzichten würde, wäre der Effekt nicht so ausgeprägt.

7. Tag: Verzicht II

Bemerken Sie einen Unterschied in Ihrem Verhalten? Sind Sie vielleicht nervöser, weil Sie seit gestern nicht mehr geraucht oder Kaffee getrunken haben? Entzugserscheinungen können durch verschiedene Dinge hervorgerufen werden. Zucker versetzt den Körper ebenfalls in eine Abhängigkeit, sodass sich ein dreitägiger Verzicht in Stimmungsschwankungen, Heißhungerattacken oder Nervosität bemerkbar machen kann. Der Begriff Entzug beschreibt eine starke Abhängigkeit von etwas. Genau diese Abhängigkeit gilt es, im Stoizismus zu vermeiden. Durch die Tage des Verzichts kann Ihnen bewusst werden, an was Sie sich so sehr gewöhnt haben, dass Sie negative Auswirkungen merken, wenn Sie es weglassen.

8. Tag: Verzicht III

Heute ist der dritte Tag des Verzichts. Spätestens jetzt sollten Sie eine Veränderung bemerken. Die Frage, die sich jetzt stellen können ist: Ist es wirklich so schlimm, dass ich darauf bis jetzt nicht verzichten konnte? Oder ist es Bequemlichkeit, die einen veranlasst, sich von den Dingen verleiten zu lassen, obwohl sie eigentlich nicht nötig sind? Diese Verzichtphasen verdeutlichen einem, dass man zum Leben viele Dinge nicht braucht, sie sind entbehrlich und vermitteln vielmehr den Eindruck, dass sie nicht entbehrlich wären. Wenn Sie sich in Ihrem Zimmer oder Ihrer Wohnung umschauen, welche Dinge davon benötigen Sie wirklich zum Leben und welche davon sollen einen vor der Unbequemlichkeit eines Lebens mit Entbehrungen bewahren? Machen Sie sich noch einmal bewusst, dass Reichtum und Besitz vergänglich sind und nicht zu den stoischen Tugenden zählen. Wenn Sie einen Drang verspüren, sich von überflüssigen Dingen zu befreien, dann können Sie mit dem Kleiderschrank anfangen. Dort finden sich meistens sehr viele Dinge, die man entweder nicht mehr braucht oder schon lange nicht mehr angezogen hat. Die Kleidung können Sie an Vereine spenden. Dadurch leisten Sie gleichzeitig noch einen Dienst für Ihre Mitmenschen.

9. Tag: Brainstorming Entspannungstechniken

Teil des 30-tägigen Übungsplans ist es, Entspannungstechniken zu finden, die für Sie wirksam und angenehm sind. Schreiben Sie heute eine Liste mit Methoden oder Herangehensweisen, die Sie gerne ausprobieren möchten, oder von denen Sie bereits wissen, dass sie Ihnen helfen zu entspannen. Als Anregung können die folgenden Wege zur Entspannung dienen: körperliche Aktivität (Joggen, lange Spaziergänge, Krafttraining, rhythmische Bewegung), Yoga, Meditation etc. Die Tage, die sich der Entspannungstechnik widmen, werden nicht an drei aufeinanderfolgenden Tagen stattfinden. Die Tage sind auf den Übungsplan verteilt.

10. Tag: Entspannungstechnik I

Heute steht die erste Entspannungstechnik auf dem Plan. Entscheiden Sie sich für die erste Methode und führen Sie diese aus. Achten Sie darauf, in welchem körperlichen und geistigen Zustand Sie sich davor und danach befinden. Hat sich etwas verändert? Wenn ja, versuchen Sie zu beschreiben, was sich nun anders anfühlt.

11. Tag: Austausch

Stoiker trafen sich früher in antiken Philosophenschulen, um zu lernen und zu lehren. Ein wichtiger Aspekt, den es nicht zu unterschätzen gilt, ist der Austausch, der untereinander stattfand. Man konnte sich von den Erfahreneren Rat holen oder ihnen von seinen Schwierigkeiten berichten. Diese Einrichtungen gibt es zwar nicht mehr, aber dennoch sollten Sie versuchen, mit vertrauten Personen in Austausch zu treten. Eine neue Perspektive hilft Ihnen vielleicht dabei, einen zusätzlichen Blickwinkel auf die Dinge zu bekommen. Gleichzeitig kann das „von der Seele reden" erleichternd wirken. Ängste und andere Probleme wirken dadurch gleich viel greifbarer, wenn man sie einmal ausgesprochen hat. Dadurch lassen sich diese Emotionen rationaler betrachten, was letztendlich zu deren Beseitigung führen sollte. Erzählen Sie von dem Vorhaben, Fähigkeiten eines Stoikers zu erlernen und in den Alltag zu integrieren. Wenn

Sie auf Unverständnis stoßen, lassen Sie sich nicht provozieren, sondern fragen Sie nach, was die andere Person daran auszusetzen hat.

12. Tag: Selbstgemachter Stress

Stress geht von einem selbst aus. Die Uhr sagt nicht, „Beeile dich, sonst kommst zu spät!“, sondern sie zeigt lediglich die Uhrzeit an. Man macht sich selbst den Stress und behindert dadurch die eigene Gelassenheit. Heute soll ein Tag werden, an dem Sie sich selbst keinen Stress machen. Haben Sie deshalb immer den folgenden Spruch im Kopf: „Ich mache mir heute keinen Stress.“ Das klingt simpel, ist es in der Theorie auch. Wann immer Sie merken, dass der Körper in den Stressmodus wechseln will, verhindern Sie es und sagen Sie sich den Spruch vor. Dadurch trainieren Sie unter anderem Ihre Willenskraft, die sich gegen den Rest des Körpers durchsetzen muss. Stress ist einer der Hauptfaktoren, der die innere Ruhe aus dem Gleichgewicht bringt. Wenn Sie den Tag über erfolgreich stressfrei bleiben, werden Sie abends merken, dass Sie sich entspannter fühlen. Dadurch ermächtigen Sie sich Ihres Körpers und Verstandes, indem Sie bestimmen, dass Sie nicht gestresst sein wollen. Sie haben die Macht, das zu beeinflussen, nutzen Sie es aus!

13. Tag: Stille

In der ersten Woche gab es Tage, an denen auf materielle Dinge wie Smartphone, Duschcreme, Internet etc. verzichtet wurde. An dem heutigen Übungstag soll eine ganz besondere Form des Verzichts ausprobiert werden. Versuchen Sie die nächsten 24 Stunden, nicht zu sprechen. Versuchen Sie zu schweigen, um sich auf Ihre innere Stimme zu fokussieren. Wenn Sie merken, dass es Ihnen hilft, dann verlängern Sie die Auszeit auf 48 Stunden. Wenn Sie berufstätig sind, können Sie die Übung am Wochenende durchführen. Eine ähnliche Übung gibt es im Christentum, die sogenannten Schweigeexerzitien. In den Zeiten des Schweigens wird gebetet und die Begegnung mit Gott gesucht. Der Verzicht als Mittel zur Besinnung scheint sich sowohl im Stoizismus als auch im Christentum durchgesetzt zu haben.

14. Tag: Entspannungstechnik II

Halbzeit – die Hälfte des Übungsplans ist schon geschafft. Um noch einmal Kraft zu tanken für die zweite Hälfte, führen Sie heute die zweite Entspannungstechnik durch. Sie können die Übung entweder mehrmals hintereinander oder über den Tag verteilt wiederholen. Achten Sie wieder darauf, ob Sie Veränderungen vor und nach der Übung feststellen.

15. Tag: Komfortzone verlassen

Heute heißt es: Raus aus der Komfortzone! Natürlich kann man während des Alltags darauf warten, bis man in eine Situation kommt, die einem unangenehm ist und anhand dessen sein Verhalten trainieren. Andererseits kennt man seine eigenen wunden Punkte am besten. Deshalb versuchen Sie heute, sich in eine Situation zu begeben, von der Sie ganz genau wissen, dass sie Sie normalerweise in Unruhe versetzt oder aufwühlt. Das kann zum Beispiel der Feierabendverkehr sein, wo alle versuchen, so schnell wie möglich nach Hause zu kommen. Oder ist es eine überfüllte U-Bahn, der Anruf bei der Versicherung oder die Langeweile? Der Vorteil dieser Übung ist, dass Sie sich bewusst auf die Situation vorbereiten können, was im Alltag nicht der Fall ist, denn unangenehme Situationen passieren meistens unangekündigt. Sie können sich verschiedene Strategien überlegen, wie Sie reagieren wollen. Wenn eine Strategie nicht funktioniert, dann können Sie schnell auf eine andere zurückgreifen. Das erspart Ihnen wertvolle Zeit, in der Sie nicht erst nachdenken müssen, sondern gleich handeln können. Nutzen Sie diese Chance, um an Ihrem Verhalten zu arbeiten, und versuchen Sie, schön gelassen zu bleiben.

16. Tag: Auslöser vermeiden

Bei der gestrigen Übung haben Sie sich bewusst triggern lassen. Heute geht es darum, diese bekannten Trigger zu vermeiden. Dadurch ist man der Stresssituation einen Schritt voraus, indem man es gar nicht erst so weit kommen lässt. Wenn Sie also der Feierabendverkehr in Unruhe versetzt, dann fahren Sie entweder eine Stunde früher oder später nach Hause. Wenn Sie schon seit Tagen Ihre Oma anrufen wollten, aber sich vor dem Telefonat drücken, dann schreiben Sie ihr doch einen Brief. Durch diese Alternativen entlasten Sie Ihr Stressempfinden und gönnen sich eine bewusste Auszeit. Außerdem zeigen Sie sich einmal mehr, dass Sie die Kontrolle haben und Sie selbst entscheiden, ob Sie sich in eine Stresssituation hineinbegeben wollen oder nicht.

17. Tag: Ein- und Ausatmen

An Tag 17 geht es um die emotionale Kontrolle. Achten Sie heute darauf, wenn Sie eine Situation aus der Ruhe bringt und Sie merken, dass Sie aufgeregt und nervös werden, dass Sie einen Moment die Augen schließen und tief durchatmen. Diese kurze Pause kann große Wirkung haben. Der erste Impuls, der meist aus dem Affekt heraus entsteht, wie zum Beispiel Schreien oder Fluchen, kann dadurch verhindert werden. Das tiefe Ein- und Ausatmen versorgt den Körper mit genügend Sauerstoff, den das

Gehirn zum klaren Denken benötigt. Außerdem beruhigt sich der Puls wieder, der in Stresssituationen steigt.

18. Tag: Entspannungstechnik III

Heute probieren Sie die letzte Entspannungstechnik aus. Dabei steht vor allem die Frage im Raum, ob Sie nach diesen drei Entspannungstechniken einen Unterschied gemerkt haben. Hat sich etwas an dem Stressempfinden geändert? Haben Sie auf eine Übung mehr angesprochen als auf eine andere? Sobald Sie die richtigen Entspannungstechniken für sich gefunden haben, können Sie diese regelmäßig wiederholen. Dadurch gewöhnen sich Körper und Geist an eine regelmäßige Entspannung, die Sie beim Erreichen der Seelenruhe unterstützt.

19. Tag: Im-Perfektionismus

Noch ein Schliff hier, noch eine Überprüfung da – Perfektionismus veranlasst uns dazu, übertrieben genau zu arbeiten und dem Gedanken zu folgen, dass alles perfekt sein muss. Dadurch setzt der Zustand der Gelassenheit erst später ein und der Körper bleibt bis dahin angespannt. In der heutigen Übung geht es darum, den eigenen Perfektionismus zu überwinden. Nichts ist perfekt, kein

Ding, kein Wesen, kein Mensch, kein Stoiker. Der Anspruch an das Leben liegt nicht darin, alles perfekt zu machen oder als perfekt wahrgenommen zu werden. Die eigenen Schwächen zu kennen und zu akzeptieren, ist Teil des Im-Perfektionismus. Machen Sie sich heute über Ihre eigenen Schwächen Gedanken. Manchmal hilft es auch, Bekannte zu fragen, wo sie die Schwächen von einem sehen. Schwächen sind nichts Schlechtes, sie sind vielmehr natürlich. Wichtig ist der Umgang damit und dass man sich ihrer bewusst ist.

Um im Alltag weniger perfektionistisch zu sein, kann man zufrieden sein, wenn man eine Sache erledigt hat. Ob diese Sache nun mit 90 oder 85 Prozent Anstrengung erfüllt wurde, spielt dabei meistens keine große Rolle. Wichtig ist, dass man geschafft hat, was man sich vorgenommen hat. Und selbst wenn das mal nicht klappen sollte, gibt es schließlich noch den nächsten Tag, an dem man Sachen erledigen kann. Der Vorteil am Nicht-Perfektionismus ist, dass man schneller gelassen ist.

20. Tag: „Kirschtorte"

Im Zusammenhang mit dem Im-Perfektionismus steht eine weitere Eigenschaft, die zu mehr Gelassenheit führt. Wenn etwas (oder jemand) nicht perfekt ist, dann sind die logische Schlussfolgerung Fehler. Diese Fehler gilt es zu akzeptieren. Wenn Sie einen Kuchen für Ihren Geburtstag vorbereiten und ihn als Verzierung mit Sahne und Kirschen versehen und dann Ihre kleine Nichte kommt, um mit dem Finger einmal tief in die Sahnehaube einzutauchen und damit den (perfekten) Kuchen zu zerstören, dann ist das der richtige Moment, an dem Sie Fehler akzeptieren. In diesem Fall den Fehler, den eine Person gemacht hat und den fehlerhaften Kuchen, der daraus entstanden ist. Aber der Kuchen muss nicht perfekt aussehen. Das strahlende Gesicht der Nichte ist Grund zur Freude. Warum sollten Sie wegen so etwas aus der Ruhe gebracht werden? Der Kuchen wird immer noch gut schmecken, egal ob alle Kirschen darauf sind oder eine fehlt.

Das Akzeptieren von Fehlern trifft auch auf einen selbst zu. Jeder macht mal Fehler und man kann sich selbst diese Fehler auch wieder verzeihen. Viel wichtiger ist, dass Sie für das nächste Mal wissen, was Sie anders machen können, um den Fehler zu vermeiden. Es bringt nichts, sich ewig an einem Fehlverhalten aufzuhalten. Schauen Sie nach vorne und machen Sie es nächstes Mal besser. Sie können sich eine Art Codewort überlegen, an das Sie sich in solchen Situationen schneller erinnern können; zum

Beispiel „Kirschtorte“.

21. Tag: Störenfriede

Achten Sie darauf, ob es Personen oder Gruppen gibt, bei denen Sie nicht zur Gelassenheit finden. Das kann entweder der Fall sein, wenn Sie sich mit anderen Menschen zusammenschließen und sich gegenseitig hochschaukeln und sich beispielsweise gemeinsam über eine Sache aufregen. Oder es gibt die Möglichkeit, dass einzelne Personen oder Gruppen Sie dazu bringen, dass Sie die Kontrolle verlieren. Das kann aufgrund unterschiedlicher Meinungen, Verhaltensweisen, Lebensentwürfen oder Gewohnheiten sein. Versuchen Sie, sich nicht von diesen Dynamiken treiben zu lassen. Nehmen Sie es gelassen, wenn jemand anders ist als Sie, und lassen Sie sich nicht von dem Wir-Ihr-Schema verleiten, bei dem Menschen ausgegrenzt werden. Eine Gruppe, die Wir-Gruppe, redet abwertend über eine andere Gruppe, die Ihr-Gruppe. Dadurch baut man eine gedankliche Blockade gegeneinander auf, die zum Ziel hat, die anderen als fremd und anders hinzustellen. Zu den Fähigkeiten eines Stoikers gehört es, alle Menschen als gleich anzusehen.

22. Tag: Den einfachen Weg vermeiden

Machen Sie es sich nicht zu leicht! Der einfache Weg, um auf eine stressige Situation zu reagieren, ist, im Affekt zu handeln und unüberlegt seine alten Verhaltensmuster fortzuführen. Wenn Sie sich und Ihr Verhalten verändern wollen, dann nehmen Sie den Umweg über die Selbstkontrolle. Niemand hat behauptet, dass es leicht sein würde, sein Verhalten zu ändern und stoische Fähigkeiten in den Alltag zu integrieren. Durch die Arbeit an sich selbst, zeigen Sie sich täglich, dass Sie den Willen haben, etwas zu verändern. Mit dieser Entschlossenheit schrecken Sie auch nicht vor Anstrengungen zurück.

23. Tag: Aahhh

Die heutige Übung fokussiert noch einmal, wie wichtig die Atmung für das Stressempfinden ist. Es geht um eine bestimmte Atemübung, die mit einem Seufzen verbunden ist. Die Übung beginnt mit einer tiefen Einatmung. Das normale Ausatmen wird mit einem Seufzen verbunden. Dabei sollte ein Geräusch wie „Aahh" hörbar sein. Versuchen Sie es so lange hinzuziehen, wie die Ausatmung dauert. Wiederholen Sie die Übung mindestens dreimal hintereinander. Die Übung kann auch über den Tag verteilt wiederholt werden. Durch die regelmäßige Durchführung der Übung soll sich der Körper an das Geräusch des Seufzers gewöhnen, sodass er damit Entspannung verbindet. Nach einiger Zeit wird das Seufzen ausreichen, um dem Körper zu signalisieren, dass er sich entspannen soll.

24. Tag: Fremdbeurteilung

Wenn Sie heute in eine Situation kommen, in der Sie sich aus der Ruhe gebracht sehen, dann stellen Sie sich vor, dass eine außenstehende Person Ihr Verhalten beobachten würde. Was würde diese Person sehen? Einen Menschen, der wegen der dritten roten Ampel in Folge die Nerven verliert? Oder jemanden, der trotz aller äußerlichen Widrigkeiten gelassen bleibt? Diese Fremdbeurteilung kann dabei helfen, vernünftig zu handeln und eine objektive Sichtweise auf die Dinge zu behalten. Der Bezug zur Realität wird durch eine neutrale Person hergestellt, die Sie und das Verhalten rational betrachtet. Wenn Sie sich in eine andere Person hineinversetzen, sind keine Emotionen im Spiel, sondern lediglich die Beobachtungen der zuschauenden Person. Das erleichtert Ihnen das vernunftgeleitete Denken, da Sie nicht erst Vernunft von Emotionen trennen müssen.

25. Tag: Strukturiertes Vorgehen

Werfen Sie einen Blick in den Terminkalender. Was steht für heute an? Wenn es mehrere Dinge gibt, die Sie erledigen wollen, dann suchen Sie sich die dringendste Sache aus, die Sie als erstes in die Hand nehmen. Nach diesem Schema arbeiten Sie die übrigen Erledigungen ab. Das wichtige dabei ist, dass Sie eine Struktur haben, nach der Sie vorgehen. Um ein Ohnmachtsgefühl zu vermeiden, das sich einstellt, wenn man alles auf einmal lösen möchte, werden die wichtigsten Sachen als erstes gelöst. Das bringt den Vorteil mit sich, wenn am Ende des Tages noch eine Sache übriggeblieben ist, die Sie nicht mehr erledigt haben, dann kann sie auch bis morgen warten. Denn wenn es dringend gewesen wäre, hätten Sie sie bereits am Anfang erledigt. Kein Grund, sich aus der Ruhe bringen zu lassen. Die strukturierte Herangehensweise ist nach einem logischen Schema aufgebaut. Es funktioniert wie eine Stütze für die Vernunft, die sich an der vorgegebenen Struktur entlangarbeitet. Dadurch gewöhnen Sie sich logisches und vernunftgeleitetes Handeln an.

26. Tag: Dinge akzeptieren

Es ist, wie es ist, und daran können Sie nichts ändern. Manche Menschen oder Situationen können oder wollen nicht verändert werden. Ihre Aufgabe ist es nicht, das Handeln anderer zu verändern, sondern Ihr eigenes. Wenn

Sie auf eine uneinsichtige Person treffen, dann vergeuden Sie nicht die Energie, sie von einer Sache zu überzeugen. Akzeptieren Sie einfach die Tatsache, dass jemand sein Verhalten nicht ändern will. Das ist vermutlich schwer hinzunehmen, vor allem, wenn man sich selbst in einer Phase der Umstrukturierung befindet. Aber Sie werden gelassener sein, wenn Sie die Menschen so annehmen, wie sie sind. Wenn es seit zwei Tagen regnet, würden Sie auch nicht auf die Idee kommen, das Wetter zu überreden, dass es doch endlich wieder die Sonne scheinen lässt. Sie würden es akzeptieren, so wie es ist. Es ist ein äußerer Umstand, auf den Sie keinen Einfluss haben. Je früher Sie sich damit abfinden, umso schneller können Sie gelassener durch den Tag gehen.

27. Tag: Provokationen erkennen

Macht kann viele Formen annehmen. Es gibt die politische Macht, die finanzielle Macht, die Macht der Mehrheit etc. Die Form, um die Sie sich heute kümmern, ist die Macht über sich selbst. Wenn Sie gelassen sind, haben Sie die Macht über sich und Ihre Emotionen. Anders schaut es aus, wenn Emotionen die Überhand nehmen und Ihnen die Macht über sich selbst wegnehmen. Die Situationen, in denen Sie die Kontrolle verlieren, werden meistens durch etwas getriggert. Dieser Anstoß kann vielfältig sein, beispielsweise eine unbedachte

Bemerkung, ein schiefer Seitenblick, ein Schubser oder Ähnliches. In diesen Fällen sieht der Körper eine Grenze überschritten. Auf diese Grenzüberschreitung will er nun in irgendeiner Weise reagieren und das einfachste dabei ist, laut zu werden und in den Stressmodus zu wechseln. Rückblickend mögen diese Verhaltensweisen unangenehm wirken, in der konkreten Situation aber können Sie die Emotionen nicht kontrollieren. Die Frage, die Sie sich dann stellen ist: Warum ist es so weit gekommen? Was hat diesen Aussetzer verursacht? Um ähnliche Situationen zu vermeiden, lassen Sie sich nicht von etwas provozieren, was Sie nicht beeinflussen können. Denken Sie über persönliche Grenzüberschreitungen nach, die Sie als Provokation auffassen. Je besser Sie sich und Ihre Schwächen kennen, desto stärker können Sie daran arbeiten und Veränderungen erzielen. Es sind äußere Einflüsse, auf die Sie keinen Einfluss haben, Sie können lediglich das eigene Denken und Handeln kontrollieren.

28. Tag: Umfeld befragen

Wir nähern uns dem Ende des Übungsplans. Bitten Sie Ihre Bekannten und Verwandten um eine Rückmeldung, ob sie Veränderungen an Ihnen wahrgenommen haben. Die Fremdbetrachtung kann in dem konkreten Fall eine nützliche Hilfe sein, um neue Aspekte, die Ihnen noch nicht aufgefallen sind, in Ihre Überlegungen mitaufzunehmen. Dabei sollten Sie die Leute darauf hinweisen, dass jegliche Art von Rückmeldung eine Bereicherung ist. Vielleicht scheuen sich Menschen anfangs, aus ihrer Sicht negative Dinge zu äußern. Da Sie jedoch über den emotionalen Aspekt erhaben sind und lediglich die rationale Botschaft darin erkennen, dürfte das für Sie kein Problem sein. Es ist gleichzeitig ein Test, wie Sie mit Kritik inzwischen umgehen und wie Sie darauf reagieren.

29. Tag: Rückblick

Am vorletzten Tag der dreißig Übungen konzentrieren Sie sich darauf, auf die vergangenen Tage zurückzublicken. Lassen Sie die Tage Revue passieren, ziehen Sie dafür auch die Tagebucheinträge zur Hand, die Sie während dieser Zeit verfasst haben. Stellen Sie sich folgende Fragen: Bei welchen Übungen haben Sie eine sofortige Veränderung wahrgenommen? Welche Übungen haben Ihnen gefallen? Welche würden Sie lieber aus dem Übungsplan streichen? Wodurch sind Sie ruhiger geworden? Was hat Sie emotional ergriffen und aus Ihrem Gleichgewicht gebracht? Und eine entscheidende Frage: Sind Sie gelassener geworden?

30. Tag: Auf das Schicksal vertrauen

Herzlichen Glückwunsch, Sie haben den Übungsplan geschafft und sind Ihrem Ziel ein Stück nähergekommen! Wichtig ist, dass Sie nicht aufgegeben, sondern die Herausforderung akzeptiert haben. Sie haben sich in den letzten Tagen intensiv mit Ihrem Körper und Geist auseinandergesetzt, weil Sie den Willen haben, etwas zu verändern. Damit erfüllen Sie bereits eine Voraussetzung, um den Fähigkeiten eines Stoikers näherzukommen. Den letzten Tag sollen Sie gemäß stoischer Freiheit leben und schauen, was das Schicksal für Sie heute bereithält. Gehen Sie gelassen in den Tag und versuchen Sie, sich durch Nichts und Niemanden aus der Ruhe bringen zu lassen. Leben Sie im Einklang mit der Natur!

Das Leben ist lang, wenn man es recht zu gebrauchen weiß. Aber den einen hält unersättliche Habsucht in ihren Banden gefangen, den anderen eine mühevolle Geschäftigkeit, die an nutzlose Aufgaben verschwendet wird.
(Seneca)

WIEDERGEBURT DER ANTIKE

Die Antike war eine herausragende Epoche, nicht nur was philosophische Strömungen angeht. Bis heute haben Disziplinen Bestand, die in der griechischen und später in der römischen Antike entwickelt wurden. Dazu zählen zum Beispiel die Geografie, Mathematik, Rechtswissenschaften und natürlich die Philosophie. Eine Epoche ist für die Antike besonders wichtig, die Renaissance. In der Zeit des 15. und 16. Jahrhunderts wird die Antike „wiedergeboren". Damit verbunden ist die Wiederentdeckung der Antike und ihrer Kunst und Wissenschaften. „Zurück zu den Quellen!", lautet der berühmte Spruch von Erasmus von Rotterdam. Damit bezieht er sich auf die Antike und ihre vielen Gelehrten. Der Mensch steht von nun an im Zentrum der Betrachtungen, wie damals in der Stoa. Daraus entwickelt sich ein neues Menschenbild, der Humanismus. Antike Lehren aus vergangenen Zeiten werden zu Tage gebracht und auf die Zeit des 15. Jahrhunderts angepasst. Innerhalb

Europas vollzieht sich ein tiefer kultureller Wandel und Zentrum des Geschehens ist Florenz. Es herrscht eine regelrechte Aufbruchsstimmung, die die kulturelle Blütezeit beflügelt. Es entstehen atemberaubende Kunstwerke wie die Kuppel des Doms in Florenz.

Wenn man sich vorstellt, dass die Gedanken eines Mannes verschiedene Menschen über Jahrtausende hinweg faszinieren, hat das schon fast einen ehrfürchtigen Charakter. Die Antike wurde bereits einmal wiederentdeckt und jetzt, noch einmal fünf Jahrhunderte später, ist die geistige Strömung der antiken Stoa immer noch zu anzutreffen. Das Überdauern der Jahrhunderte spricht für den Erfolg der stoischen Lehren. Ungewissheit gibt es auch in unserer Zeit und eine Unterstützung, wie man zu einem glücklichen Leben findet, ist da immer willkommen.

Wir befinden uns zwar nicht in der bunten Säulenhalle in Athen, wo alles seinen Lauf nahm und wir dem Vortrag der Philosophen gespannt lauschen, sondern vermutlich im Wohnzimmer, auf dem Sofa, im Zug oder anderswo, und dennoch beschäftigen wir uns immer noch mit den stoischen Tugenden. Die Stoa ist ein wandelbares und anpassungsfähiges philosophisches Modell, das sich sowohl damals wie auch heute verändert und weiterentwickelt. Nicht umsonst wird in eine ältere, mittlere und jüngere Stoa unterteilt. Und wo befinden wir uns heute? In der Zeit der modernen Stoa? Eine Denkweise aus der Antike schafft es bis ins 21.

Jahrhundert, da scheint es nur allzu logisch, dass manche Aspekte reflektiert und an die heutigen Lebensumstände angepasst werden.

Mittlerweile bezeichnet der Begriff Resilienz die Tugenden der Stoa. Unerschütterlich zu sein, komme was wolle, betrifft nicht mehr nur Menschen, sondern lässt sich auf Firmen, Regierungen oder ganze Regionen ausweiten. Dass sich dabei Aspekte der antiken Stoa verändern, ist unvermeidlich. Der Grundgedanke bleibt jedoch bestehen.

Dieses Buch konnte hoffentlich dazu beitragen, die Entstehungsgeschichte und Prinzipien der Stoa zu übermitteln und einen Einblick in die Gedanken antiker Philosophen zu gewähren. Exemplarische Alltagssituationen und ein Übungsplan sollten die praktische Anwendung stoischer Fähigkeiten miteinbinden und somit einen direkten Bezug zur Stoa schaffen. Letztendlich geht es um nichts Geringeres als das glückliche Leben eines jeden Einzelnen.

Nenne dich niemals einen Philosophen und sprich unter Ungebildeten auch möglichst nicht über die philosophischen Lehrsätze, sondern handle danach.

(Epiktet)

IHR KOSTENLOSES GESCHENK!

RESILIENZ TRAINIEREN

Geben Sie dem Alltagsstress keine Chance!

Wir wissen nicht, was die Zukunft für uns bereithält. Neben all den schönen Dingen gibt es leider auch Momente, die uns stark mitnehmen können. Lernen Sie wie sie mit solchen Situationen umgehen können!

Mit diesem kostenlosen Buch lernen Sie die Merkmale einer resilienten Person und wie Sie selbst so werden können.

Hier können Sie Ihr kostenloses Exemplar herunterladen!

SCAN ME

https://bit.ly/ResilienzLP

VAGUS NERV FÜR ANFÄNGER: ENTDECKEN SIE DAS GEHEIMNIS, WIE SIE NEGATIVE GEDANKEN LOSWERDEN.

Lernen Sie, wie genau unser Nervensystem aufgebaut ist. Vagus Nerv für Anfänger zeigt Ihnen welche wichtigen Aufgaben in unserem Körper von den Nerven übernommen werden und wie wir unsere Nerven unterstützen können!

SCAN ME

http://bit.ly/Vagus_TB

GRÜBELN STOPPEN: LERNEN SIE JETZT 12 EFFEKTIVE METHODEN, IHRE INNEREN BLOCKADEN ZU LÖSEN UND NEGATIVE GEDANKEN LOSWERDEN ZU KÖNNEN.

Quälen Sie sich wiederholt mit den gleichen Gedanken herum, finden aber keine Lösung? Fällt es Ihnen schwer, negative Ereignisse loszulassen?

Befreien Sie sich von Ihren negativen Gedanken und stoppen Sie das Grübeln!

SCAN ME

http://bit.ly/Grübeln_TB_qr

ATEMTECHNIK: ATME DICH GESUND WIE SIE DEN ERFOLGSFAKTOR SAUERSTOFF RICHTIG NUTZEN UM IHREN PARASYMPATHIKUS ZU UNTERSTÜTZEN.

Fühlen Sie sich häufig ausgelaugt und ohne Energie? Sie sind geplagt durch Müdigkeit und Kraftlosigkeit?

Dann sollten Sie einmal über Ihre Atmung nachdenken. Beginnen Sie jetzt, Ihre Atmung zu kontrollieren, um endlich wieder in Ihre Kraft zu kommen

SCAN ME

https://amzn.to/3bMufUQ

LIEBER LESER, DANKE FÜR IHREN KAUF.

AMAZON REZENSIONEN SIND DIE GRUNDLAGE FÜR DEN ERFOLG BEI AMAZON, DAHER WÜRDE ICH SIE BITTEN, DASS SIE UNS FEEDBACK ZU DIESEM BUCH IN FORM EINER REZENSION GEBEN.

Mit diesem Buch haben Sie den ersten Schritt für Ihre persönliche Weiterentwicklung gemacht. Weitere interessante Vorschläge finden Sie unter den folgenden Links:

http://bit.ly/Hypno_therapie

http://bit.ly/Autoimmunportal

http://bit.ly/Meditation2020

HAFTUNGSAUSSCHLUSS

Die Umsetzung aller enthaltenen Informationen, Anleitungen und Strategien dieses Buchs erfolgt auf eigenes Risiko. Für etwaige Schäden jeglicher Art kann der Autor aus keinem Rechtsgrund eine Haftung übernehmen. Für Schäden materieller oder ideeller Art, die durch die Nutzung oder Nichtnutzung der Informationen bzw. durch die Nutzung fehlerhafter und/oder unvollständiger Informationen verursacht wurden, sind Haftungsansprüche gegen den Autor grundsätzlich ausgeschlossen. Ausgeschlossen sind daher auch jegliche Rechts- und Schadensersatzansprüche. Dieses Werk wurde mit größter Sorgfalt nach bestem Wissen und Gewissen erarbeitet und niedergeschrieben. Für die Aktualität, Vollständigkeit und Qualität der Informationen übernimmt der Autor jedoch keinerlei Gewähr. Auch können Druckfehler und Falschinformationen nicht vollständig ausgeschlossen werden. Für fehlerhafte Angaben vom Autor kann keine juristische Verantwortung sowie Haftung in irgendeiner Form übernommen werden.

URHEBERRECHT

Impressum:

1. Auflage

Kontakt:
Adrian Ulleitner
c/o AutorenServices.de
Birkenallee 24
36037 Fulda

Printed in Germany
by Amazon Distribution
GmbH, Leipzig

21577488R00064